D187543

Die französische Originalausgabe erschien 2009 bei Éditions MILAN – 300, rue Léon-Jpulin, 31101 Toulouse Cedex 9, Frankreich, unter dem Titel *Abris, appâts, nichoirs…50 astuces pour attirer les animaux* © Éditions MILAN.

Autor: Marc Giraud
Illustration: Amandine Labarre, Thérèse Bonté
Satz und Covergestaltung: Graphicat, GrafikwerkFreiburg
Übersetzung: Renate Ferrari
Redaktion: Katrin Pertschy

Rechte der deutschen Ausgabe:
Velber Verlag © 2010 Christophorus Verlag GmbH & Co. KG, Freiburg i. Br.

ISBN: 978-3-8411-0022-1
Art.-Nr. VB110022

Printed in Slovenia

Marc Giraud

# FUTTERPLATZ und VOGELHAUS

## 50 Tipps Tiere in der Natur zu erleben

Illustriert von
Amandine Labarre und Thérèse Bonté

Ins Deutsche übersetzt von Renate Ferrari

Velber kinderbuch

Bayard

# INHALTSVERZEICHNIS

# Tiere erleben

**Würdest du gerne häufiger Tieren in der freien Natur begegnen? Dann musst du lernen, sie anzulocken. In diesem Buch findest du tolle Tricks, die dir das ermöglichen. Wichtig ist natürlich, dass du die Tiere dabei respektierst. Egal ob du in der Stadt oder auf dem Land wohnst: Euer Haus, Garten oder Balkon können zu einem wahren Tierparadies werden!**

## Drei tolle Tricks

Um Tiere anzulocken, gibt es drei einfache Möglichkeiten: Gib den Tieren Nahrung, richte ihnen einen Unterschlupf her oder versuche ihre Sprache nachzuahmen. Am besten probierst du das in eurem Garten aus, indem du dort eine Ecke für die Tiere vorbereitest. Lasse dort die Pflanzen wild wachsen. Blumen locken Insekten oder kleine Tiere an, diese wiederum ziehen noch größere Tiere an und jene noch größere. So entsteht ein Gleichgewicht zwischen Tieren und Pflanzen, das man Ökosystem nennt. Falls ihr keinen Garten habt, kannst du die Tiere auch auf euren Balkon locken. Stelle einen Unterschlupf auf, einen Futternapf oder einen Topf mit wilden Kräutern.

## Die Natur macht, was sie will

Die Natur kennt keine Termine. Auch wenn du es dir noch so sehr wünschst: Du wirst nie bestimmen können, welche Tiere zu dir kommen. Salamander kommen vielleicht nicht in deinen Teich, Hornissen besiedeln deinen Nistkasten, den du eigentlich für Schwalben gebaut hattest. Die Natur macht, was sie will, und das kann sehr spannend sein! Ob in eurem Garten oder auf eurem Balkon, lasse der Natur ihren Lauf. Höre ihr genau zu und lerne, sie zu beobachten. So kannst du dann vielleicht eine Eule, einen Turmfalken oder einen Fuchs von deinem Fenster aus entdecken.

# TIPPS VON DEN PROFIS

**Befolge die Regeln der Naturfreunde,** wenn du Tiere beobachten willst.
Du kannst Tiere anlocken und musst gleichzeitig aufpassen, dass sie nicht vor dir flüchten.
Hier sind ein paar Tricks für wunderschöne Erlebnisse mit Tieren.

## ÜBE DICH IN GEDULD

Folge den goldenen Regeln der Naturfreunde: DRAG

**D** wie diskret: Mache keine Geräusche oder schnelle Bewegungen und ziehe keine farbigen Kleider an. Bewege dich ganz vorsichtig, wenn du Vögel vom Fenster aus beobachtest. Sie könnten dich sehen und davonfliegen.

**R** wie respektvoll: Du liebst Tiere, also ärgere sie nicht. Halte genügend Abstand, auch wenn du ein Foto von ihnen machen willst. Vor allem, wenn Tiere Junge haben, musst du sehr vorsichtig sein. Wenn Tiereltern sich bedroht fühlen, flüchten sie vor dir und könnten ihre Jungen verlassen.

**A** wie aufmerksam: Nutze alle deine Sinne, als wärst du selbst ein Tier. Beobachte die kleinste Bewegung – egal ob direkt vor dir oder weit entfernt im Himmel. Achte gut auf Formen, die sich von der Umgebung abheben, wie zum Beispiel eine dunkle Stelle in einem Busch. Öffne deine Ohren: Lausche den Vogelgesängen, den Insekten oder dem Rascheln der Blätter.

**G** wie geduldig: Tiere sind von Natur aus sehr geduldig, da ihr Überleben davon abhängen kann. Sie können stundenlang in ihrem Unterschlupf bleiben, falls sie eine Gefahr bemerkt haben. Wenn du ruhig bleiben kannst, werden Tiere bald wieder ihren gewohnten Aktivitäten folgen, ohne auf dich zu achten.

# VORSICHT KATZEN ...

Wie alle Raubtiere reagieren Katzen auf alles, was sich bewegt: eine Fliege, eine Eidechse oder deine Zehen, wenn du mit ihnen wackelst. Deine Köder für wilde Tiere müssen außerhalb der Reichweite von Katzen sein. Sonst können Katzen die von dir angelockten Tiere entdecken und fangen. Benutze deshalb besondere Vorrichtungen.

# ... UND HUNDE!

Hunde sind Fleischfresser. Obwohl sie an Hundefutter gewohnt sind, ist ihnen ihr Jagdinstinkt erhalten geblieben. Sie lieben es, andere Tiere oder Bälle zu verfolgen. Mit ihrem fantastischen Geruchssinn und ihrer Neugier spüren sie leicht junge Tiere auf und gefährden diese.

# WASSER!

**Egal ob trockener Sommer oder kalter Winter, Tiere brauchen zu jeder Jahreszeit Wasser. Sie müssen trinken und sich reinigen. Baue ihnen dafür eine Wasserstelle, wo sie sich erfrischen können. Fülle Wasser in unterschiedliche Gefäße und stelle diese nach draußen. Schon nach kurzer Zeit wirst du Besuch von unterschiedlichen Tieren bekommen.**

## INSEKTEN

Schnecken und viele andere Insekten können nicht ohne Wasser auskommen. Manche warten auf Regen oder trinken Morgentau. Auch sie freuen sich, dich in deinem Tierrestaurant besuchen zu kommen.

### Wasser für die Küche

Tiere brauchen Wasser nicht nur zum Trinken, sondern auch um Nahrung herzustellen. Bienen brauchen Wasser, um ihren Honig zu produzieren. Daher suchen sie im Sommer nach Pfützen.

### Wasser für das Nest

Wespen brauchen Wasser, um ihr Nest bauen zu können. Manche Wespen leben alleine. Sie bauen für ihre Kinder, die Larven, ein Nest aus Ton und Speichel. Andere Wespen leben in Gruppen. Sie bauen Nester, die aus Speichel und Holz bestehen. Damit die Tiere ausreichend Speichel produzieren, müssen sie genügend trinken!

Die Töpferwespe lebt alleine und baut ein kleineres Nest

Die Feldwespen leben in Gruppen

### Schmetterlings-Getränk

Die meisten Schmetterlinge brauchen Wasser und Salz, um überleben zu können. Mixe ihnen ein Getränk aus Wasser, Puderzucker, Honig und etwas Mehl. Das lieben Schmetterlinge und sie werden dich gerne besuchen kommen. Am besten gibst du ihnen das Getränk in einem Puppenfläschchen. Hänge das Fläschchen kopfüber auf, dann können es die Schmetterlinge mit ihrem Rüssel aussaugen.

## S.O.S. Schnecken!

Regenwürmer und Schnecken brauchen Feuchtigkeit, sonst vertrocknen sie. Darum leben sie die meiste Zeit unter der Erde. Doch wenn es regnet, gibt es dort so viel Wasser, dass sie ertrinken würden. Die Schnecken retten sich darum an die Oberfläche. Doch dort besteht die Gefahr, dass sie vertrocknen. Beträufle die Schnecken mit etwas lauwarmem Wasser. Bringe sie dann an eine feuchte Stelle, wie zum Beispiel auf schattiges Moos. So rettest du ihnen das Leben.

## Das Insekten-Restaurant

Fülle für Insekten etwas Wasser oder das Schmetterlings-Getränk (siehe Seite 12) in eine flache Untertasse. So vermeidest du, dass sie ertrinken. Stelle einen Stein in die Mitte, damit auch die Kleinsten ohne Mühe aus dem Wasser herauskommen. Suche dir für dein Insekten-Restaurant einen schönen Platz aus: einen Stein, eine Mauer oder auf einen Pfosten. Verschiedene Insekten werden kommen: Ameisen, Schmetterlinge, Bienen und viele mehr!

*Ganz chic: Dekoriere deine Puppenflasche mit dem Schmetterlings-Getränk mit Blütenblättern aus Karton.*

### WIE NÄHERE ICH MICH DEN INSEKTEN?

**Willst du Insekten zeichnen oder fotografieren? Mache das am frühen Morgen, denn da sind sie ruhiger. Gib darauf acht, dich langsam zu bewegen. Wenn die Sonne scheint, passe gut auf deinen Schatten auf. Wenn der dunkle Fleck auf Insekten fällt, verjagst du sie.**

# GRABE EINEN TÜMPEL

## Tümpel sind kleine, flache Gewässer.

Viele Tiere legen dort ihre Eier ab, aus denen ihre Kinder schlüpfen. Leider verschwinden Tümpel mehr und mehr. Wenn du einen Tümpel baust, hilfst du damit vielen Lebewesen. Ein Tümpel ist ein fantastischer Zufluchtsort für viele Tiere!

### Wo kann ich einen Tümpel bauen?

Frage zuerst den Besitzer des Grundstückes um Erlaubnis, bevor du einen Tümpel baust. Wenn du den Tümpel in eurem eigenen Garten oder in der Schule baust, geht das am einfachsten. Baue den Tümpel in einiger Entfernung zu Bäumen auf. Sonst könnten die herabfallenden Blätter die Lebewesen im Wasser ersticken. Am besten gräbst du den Tümpel neben einem kleinen Hügel oder anderem abschüssigem Gelände. So kann sich das Regenwasser perfekt sammeln.

### Welche Form sollte mein Tümpel haben?

Lege erst auf Papier einen Plan für deinen Tümpel an. Du kannst einzeichnen, wie tief, lang und breit dein Tümpel werden soll. Vor Ort kannst du mithilfe von Schnüren den Bereich abmessen. So bekommst du eine gute Vorstellung davon, wie der Tümpel werden könnte.

💧 Mache den Rand nicht zu steil. Dann können Tiere jeder Größe wieder einfach herauskommen und ertrinken nicht. An der tiefsten Stelle sollte der Tümpel mindestens 80 cm messen. Dann erfrieren die Bewohner im Winter nicht und der Tümpel trocknet im Sommer nicht aus. Es genügt, wenn der Tümpel 2 m breit ist.

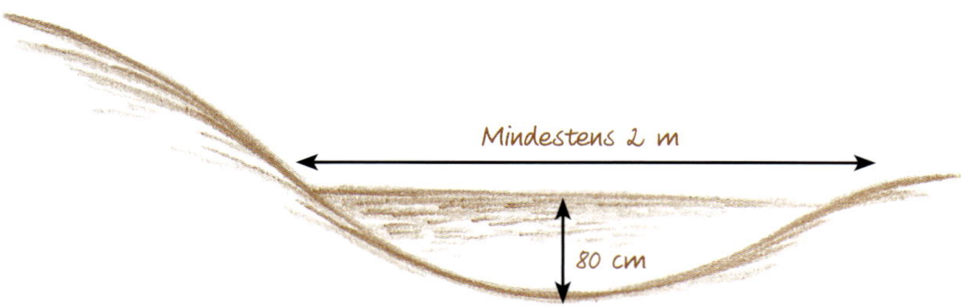


💧 Gestalte den Tümpelrand mit Kurven und Schlupfwinkeln, dann finden dort verschiedene Tiere Schutz.

**Tipp**
Mit der ausgehobenen Erde kannst du einen Hügel gestalten. Auf ihm können Pflanzen und Tiere leben.

## Was tun, wenn das Wasser versickert?

Tonhaltige Böden sind von Natur aus wasserdicht. Wenn dein Boden keinen Ton enthält, musst du das Wasser mit Plastik vorm Versickern bewahren.
Es gibt spezielle Tümpelbecken, die man dafür kaufen kann. Eine andere Möglichkeit:

- Entferne die spitzen Steine von deinem künftigen Tümpelbecken und schütte etwa 5 cm Sand hinein.
- Lege nun eine Plane über den Sand.

Diese Plane muss aus einem speziellen Material bestehen: aus Butylgewebe, PVC oder Polyethylen.
Sie muss 1 mm dick sein.

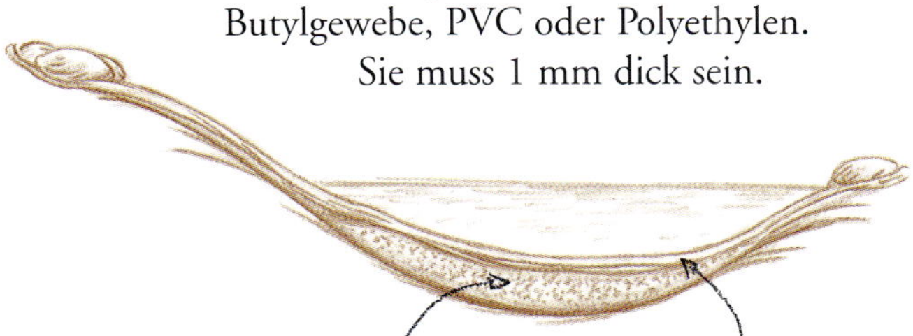


## Womit füllt man den Tümpel?

Am besten sammelst du Regenwasser in Tonnen oder nimmst etwas Wasser aus anliegenden Tümpeln. Wenn du keine andere Wahl hast, benutze Leitungswasser. Lege Steine und etwas Erde dazu. Dann warte einen Tag, bis sich alles abgesetzt hat, bevor du die Pflanzen hineinstellst.

# WASSERINSEKTEN

Sobald der Tümpel mit Wasser gefüllt ist, kommen die ersten Bewohner. Zuerst sind es kleine Insekten, doch sie werden größere Tiere anziehen. Ein Ökosystem entwickelt sich, und neues Leben entsteht.

## Was kommt in den Tümpel?

Bitte gib nur Pflanzen in deinen Tümpel und keine Tiere. Hole aus einem anderen Tümpel in der Nähe Wasserpflanzen, Algen und etwas Wasser. Achte dabei darauf, den anderen Tümpel nicht vollkommen leer zu räumen. Die Algen und Pflanzen enthalten wirbellose Tiere wie Wasserschnecken und Lebewesen. Diese sind so klein, dass man sie nur mit einem Mikroskop erkennen kann. Die wirbellosen Tiere sind deine ersten Tümpelbewohner! Transportiere keine größeren Tiere: Die meisten Tiere sind geschützt und einen Umzug überleben sie vielleicht nicht. Du brauchst dich nicht mehr um deine Tümpelbewohner zu kümmern: Die wilden Tierchen kommen sehr gut selbst zurecht.

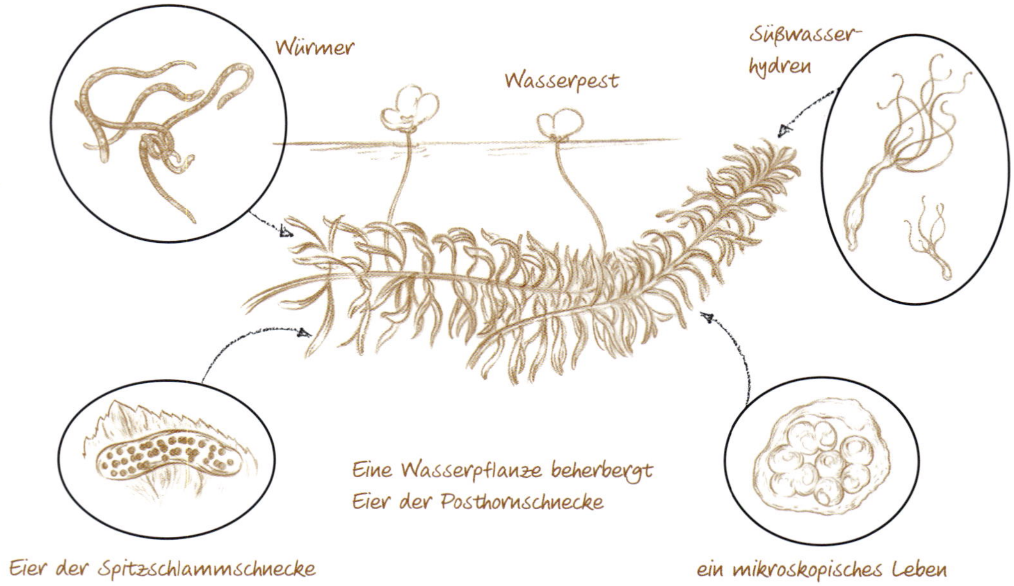

## Tiere aus der Luft

Viele der Tümpeltiere scheinen nur im Wasser zu leben, doch die meisten großen Tümpelinsekten können auch fliegen. Der Schwimmkäfer, der Rückenschwimmer und selbst die Stabwanzen, die wie dünne Zweige aussehen, können fliegen. Sie fliegen nachts, daher sieht man sie nicht bewusst außerhalb des Wassers. Manche Tiere nehmen ein Taxi. Die Eier einiger Insekten und Schnecken kleben einfach an den Füßen oder im Gefieder von Enten und kommen so von Tümpel zu Tümpel!

1 Schwimmkäfer

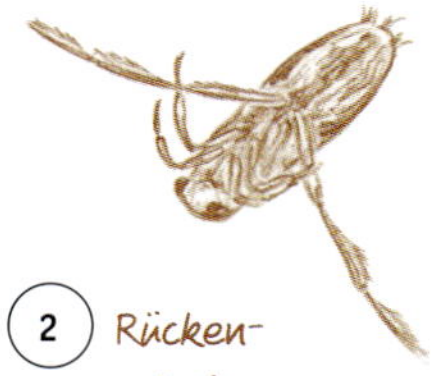

2 Rückenschwimmer

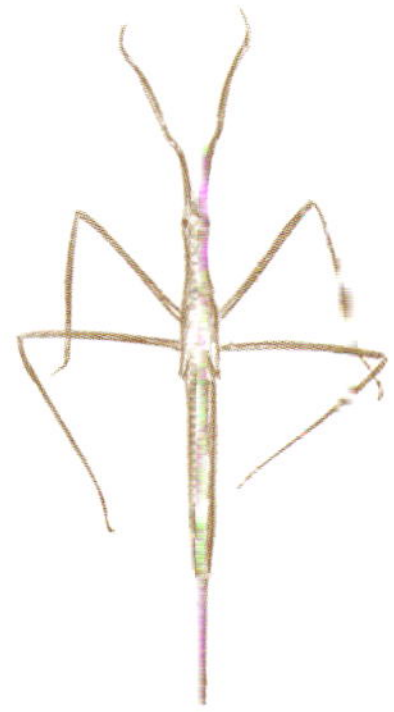

3 Stabwanze

## Einige wirbellose Wesen des Tümpels:

5 Wasserläufer

6 Taumelkäfer

7 Wasserskorpion

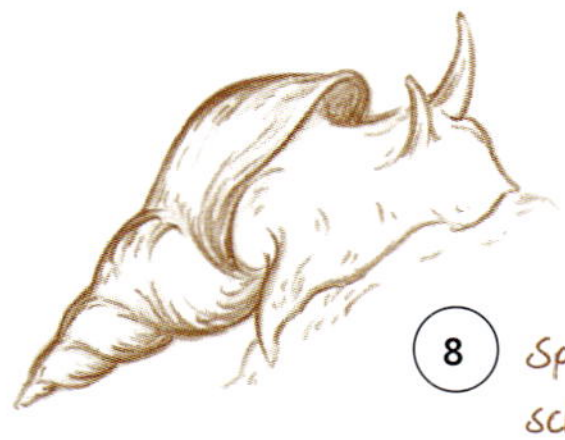

8 Spitzschlammschnecke

9 Posthornschnecke

10 Libellenlarve

11 Schwimmkäferlarve

12 Phryganalarve

4 Daphnien

Die Daphnien dienen unter anderem Kaulquappen als Futter.

## Wasserflöhe

Daphnien sind fast durchsichtig, etwa 1 mm lang und springen im Wasser herum. Es sind keine Flöhe (trotz ihres Spitznamens »Wasserflöhe«), sondern Schalentiere wie zum Beispiel Krabben. Unter dem Mikroskop kannst du ihr Herz schlagen sehen.

### BSSS ...

**Achtung: Schon eine kleine Pfütze unter freiem Himmel oder eine Dose voll Regenwasser zieht Stechmücken an. Also werden auch in deinem neuen Tümpel bald Mücken wohnen. Aber genauso fühlen sich dort auch Kaulquappen oder Schwalben wohl, die sich von den Mücken ernähren.**

# DER FROSCHTÜMPEL

**Wenn dein Tümpel groß genug ist,**
kann er Tiere anziehen wie etwa Frösche und Molche, die sich dort fortpflanzen werden. Andere Tiere werden zum Trinken, Angeln oder Baden kommen.

## Frösche

Es gibt keinen Zaubertrick, um Frösche anzulocken. Die einzige Lösung: Biete den Fröschen einen Tümpel an, in dem sie sich wohlfühlen. Frösche wollen sich in den Wasserpflanzen tummeln oder in den Algen verstecken. Es ist verboten, Frösche, Kaulquappen oder Froscheier aus einem anderen Tümpel zu holen. Aber wenn du geduldig bist, wirst du sehen, dass die Tiere bald von ganz alleine deinen Tümpel entdecken.

## Molche

Molche werden genau wie Frösche im Wasser geboren und verbringen ihr Leben an Land. Solche Tiere nennt man Amphibien. Im Frühjahr treffen sich die Molche in Tümpeln, um sich zu vermehren und Eier abzulegen. Dies ist die beste Zeit, um sie zu beobachten. Nachts mit einer Taschenlampe geht das besonders gut. Das Weibchen legt seine Eier eines nach dem anderen und umhüllt jedes Ei behutsam mit einem Wasserpflanzenblatt. Da sie mehrere hundert Eier legen kann, dauert die Legezeit mehrere Wochen.

Molchweibchen beim Eierlegen

## BEOBACHTE DIE BEWOHNER DEINES TÜMPELS

Mit einer Taucherbrille oder mit einer einfachen, flachen und durchsichtigen Schüssel kannst du das Wasserleben beobachten. Passe auf, dass du nichts vom stehenden Wasser schluckst, du könntest schnell krank werden. Du kannst aber auch mithilfe von einem Kescher ein paar Tierchen kurz in einen Becher füllen, um sie besser zu sehen. Setze sie dann rasch wieder in ihr natürliches Umfeld zurück, um ihnen nicht zu schaden.

## Tag und Nacht

Tagsüber kommen Schwalben, um Insekten über dem Wasser zu jagen. Manchmal kann ein Reiher vom Ufer aus auf der Lauer liegen, um einen Frosch zu fangen. Wenn die Nacht einbricht, ist Schichtwechsel: Die Fledermäuse treten an die Stelle der Schwalben. So ist Tag und Nacht Leben am Tümpel.

Fledermaus

Graureiher

## Die Amphibieneier

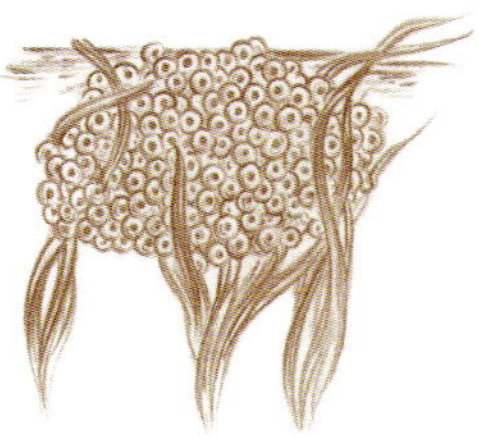

Frosch

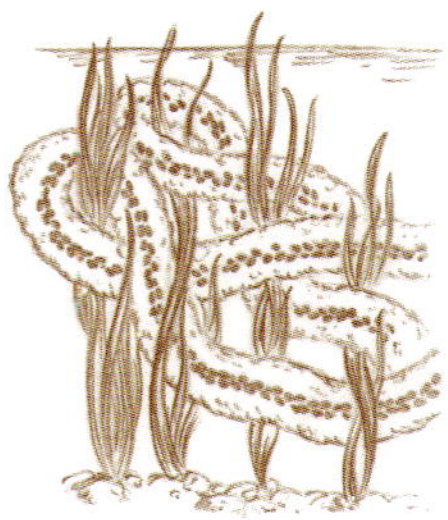

Kröte

Laubfrosch

## Einige Tümpelwirbeltiere

Erdkröte

Grasfrosch

Laubfrosch

Teichmolch

Salamander

Ringelnatter

# DIE VOGELDUSCHE

**Vögel brauchen das Wasser** nicht nur zum Trinken, sondern auch zum Baden. Manche suchen Schlamm, um sich ein Nest zu bauen.

### Es lebe der Schlamm!

Schwalben brauchen Schlamm, um sich ihr Nest zu bauen. Doch leider finden sie immer weniger Schlamm, ganz selten nur in Städten (daher verschwinden sie dort). Im Garten oder auf einem Balkon kannst du einen Eimer mit Schlamm deponieren, den du regelmäßig anfeuchtest: Aber er darf weder zu trocken noch zu flüssig sein.

### DUSCHEN IST PFLICHT

Wasser säubert Federn und macht sie geschmeidiger. So sind sie einfacher für die Vögel zu ordnen. Vögel müssen regelmäßig ihre Federn pflegen, da sie sonst nicht damit fliegen könnten.

## Wasser zu jeder Jahreszeit

Vögel können nicht schwitzen. Wenn es sehr heiß ist, beginnen sie deshalb zu hecheln, genauso wie Hunde. Dadurch wird ihre Körpertemperatur geregelt. Durch das schnelle Atmen verlieren sie viel Feuchtigkeit durch Verdunstung. Im Winter ist es besonders schwierig für sie, etwas zum Trinken zu finden. Oft ist das Wasser gefroren. Biete ihnen etwas lauwarmes Wasser an, das nicht gleich gefriert.

Biete ihnen einfach einen umgedrehten Tonnendeckel an.

Eine kleine Untertasse auf der Fensterbank tut es auch.

## Enten und Teichhühner

Wenn du einen größeren Tümpel gebaut hast, werden vielleicht sogar Wasservögel kommen. Wenn der Tümpel sehr ruhig liegt, nisten die Wasservögel vielleicht am Wasserrand, unter dem Schilfrohr versteckt. Die zwei bekanntesten Arten bei den Wasservögeln sind die Stockente und das Blässhuhn. Beobachte sie von Weitem, um sie nicht zu stören. Es macht Spaß, ihnen zuzuschauen.

Blässhuhn und sein Küken

Rohrente und Entenküken

## Das große Bad

Generell gehen Vögel ganz vorsichtig ins Wasser, um sich zu waschen. Sie tauchen den Kopf unter, schütteln ihr Federkleid und ducken sich. So wird auch der Bauch der Vögel nass und sie können sich Wasser auf den Rücken spritzen. Wenn sie sauber sind, setzen sie sich nahe der Wasserstelle hin, ganz verstrubbelt, lassen ihre Federn trocknen und glätten sie.

## Katzenwäsche

Schwalben und Eulen wählen eine schnellere Art des Waschens: Sie fliegen dicht über der Wasseroberfläche. Dann tauchen sie leicht ins Wasser hinein und schütteln sich im Flug. Tauben waschen sich häufig im Regen. Kleineren Vögel genügt es, durch nasse Blätter zu fliegen.

# TIERWOHNUNGEN

**Tiere brauchen Unterschlüpfe.** Dort können sie sich verstecken, dem Regen und der Sonne entkommen, sich erholen und sie können dort überwintern oder nisten. Hier findest du verschiedene Unterschlüpfe für Tiere jeder Größe, angefangen bei den Insekten.

## DER INSEKTEN-UNTERSCHLUPF

Wenn du verschiedene Insektenarten anziehen möchtest, baue ihnen verschiedene Unterkünfte.

### WILDBIENEN

#### Ein Hotel aus Ästen

- Sammle 10 bis 20 cm lange und 2 bis 12 mm dicke Stängel: kleine Äste wie Dornensträucher, Rosensträucher, Schmetterlingsflieder oder Weiden, Stängel wie Schilf, Bambus oder Stroh. An jedem hohlen Stängel muss das äußere Ende verstopft sein. Um das zu machen, kannst du Erde oder etwas wasservermischten Ton nutzen. Die Bambusstäbe und Schilfrohre brauchen nur auf Höhe eines Knotens geschnitten werden.
- Binde die Äste mit etwas Schnur zu Bündeln.
- Hänge die Bündel unter einen Fenstersims, auf einen Pfosten oder an einen Ast in einer Höhe zwischen 30 cm und 2 m auf. Sie sollten vor Regen und Wind geschützt sein. Hänge sie Richtung Süden oder Süd-Osten auf.

### EINE BESONDERE LEBENSART

**Wildbienen leben normalerweise nicht in Gruppen wie Honigbienen. Die meisten Wildbienen graben ihre Nester in den Boden. Dort ernähren sie ihre Larven mit Pollen. Wildbienen können stechen, aber keine Angst: Sie sind nicht aggressiv. Die Bienen bestäuben unsere Pflanzen.**

### Der Holzscheitpalast

Du kannst einen Erwachsenen fragen, ob er für dich verschiedene Löcher in der Größe von 4 bis 10 cm mit einem Bohrer in ein Holzscheit bohrt. Lege das durchlöcherte Holzscheit auf euren Balkon, auf eine kleine Mauer oder auf den Boden. Du wirst schnell sehen, welche Löcher bewohnt werden. Sobald die Wildbienen eingezogen sind, stopfen sie ihre Löcher mit Schlamm oder Pflanzen zu.

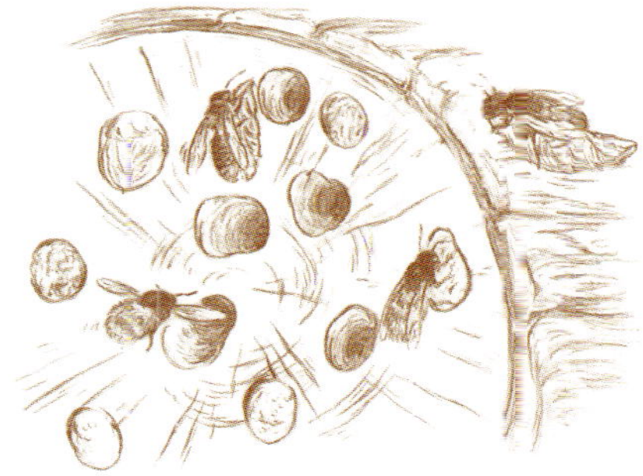

### Die Nistschale

Die zweifarbige Mauerbiene legt ihre Eier nur in leere Schneckenhäuser! Lege ab Februar ein paar leere Schneckenhäuser auf einen freien und sonnigen Platz. Mit etwas Glück wirst du das winzige Insekt auf dem Rücken finden, wenn es versucht, die Schale mit seinen Beinchen umzudrehen und mit Pflanzen zu füllen.

## DER OHRWURMTOPF

Nimm einen Blumentopf aus Ton in mittlerer Größe. Fülle etwas Stroh hinein und lege ihn umgedreht hin. Ohrwürmer finden dort Schutz während der Nacht. Sobald diese Herberge angenommen ist, hänge den Topf umgedreht in einen Baum. Die Ohrwürmer werden den Baum von Läusen befreien. Und keine Angst: Sie krabbeln nicht in die Ohren!

## DER ASSELTEPPICH

Befeuchte etwas Erde und lege eine alte umgedrehte Fußmatte darauf. Drehe die Matte nach ein paar Tagen behutsam um: Tausendfüßler, Ameisen und Asseln haben dort Zuflucht gefunden.

# DIE REPTILIEN-HERBERGE

**Ist es eine komische Idee,** für Reptilien einen Unterschlupf zu bauen? Nein, denn viele Arten von ihnen verschwinden bei uns. Diese Tiere sind nützlich … und interesssssssant!

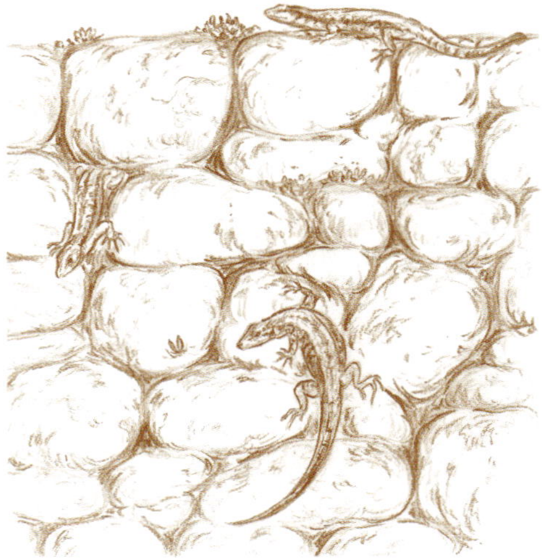

## DIE STEINMAUER

Trockensteinmauern sind kleine Naturfelsen aus Stein. Mauereidechsen sonnen sich gerne auf diesen Mauern. Sie finden dort Insekten und zwischen den Steinen eine Nische, um sich zu verstecken. Oft halten Eidechsen und Schlangen unter Steinen ihren Winterschlaf. Eine Mauer bietet ihnen also alles, was sie brauchen.

## EIN WARMER PLATZ …

- 1 Autoscheibe (bekommt man auf dem Schrottplatz) oder Fensterscheibe
- 1 dunkle Gummiplane

Suche während der warmen Saison eine ruhige und sonnige Ecke auf dem Boden, am besten im Halbschatten.

Lege dort eine Glasscheibe auf ein paar Steine. So liegt die Scheibe nicht direkt auf dem Boden. Die Reptilien können darunterkriechen.

Lege nun die Plane über die Scheibe. Hebe nach ein paar Tagen behutsam die Plane mit Handschuhen an: Frösche, Salamander, Schlangen und sogar kleine Säugetiere wie Wühlmäuse oder Schermäuse fühlen sich in deinem Unterschlupf richtig wohl.

# NATTER, VIPER ODER BLINDSCHLEICHE?

## Wie erkennt man sie?

Eine Schlange, die länger als 80 cm ist, ist garantiert eine Natter. Eine Natter erkennt man außerdem an ihrem Schwanz. Er wird immer dünner. Eine Viper hat einen dreieckigen Kopf. Die Blindschleiche hat wie Schlangen keine Beine. Sie ist aber trotzdem eine Eidechse. Ihr Schwanz ist abtrennbar und sie hat bewegliche Augenlieder. Die weibliche Blindschleiche trägt schwarze Linien auf ihrem glänzenden Körper.

**Natter**

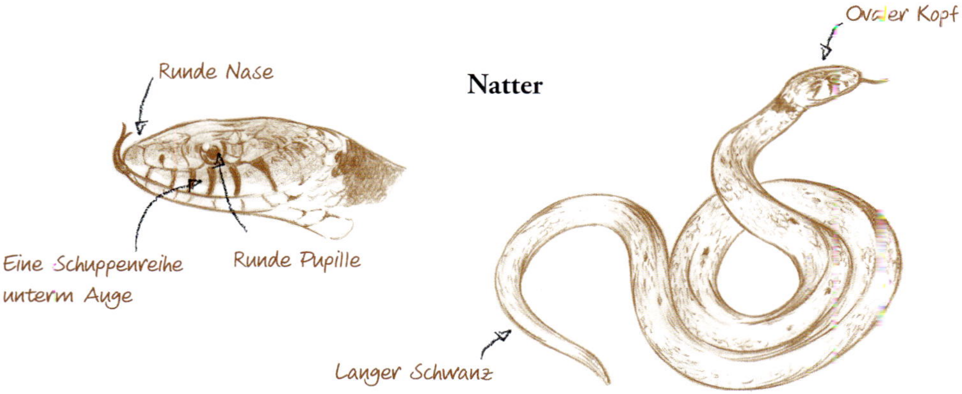


**Viper**

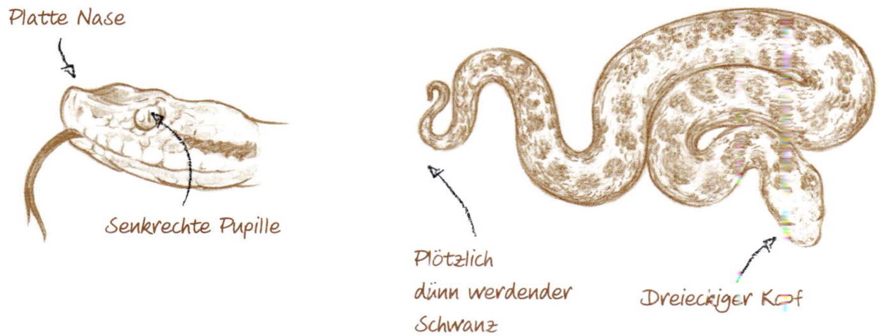


**Blindschleiche**

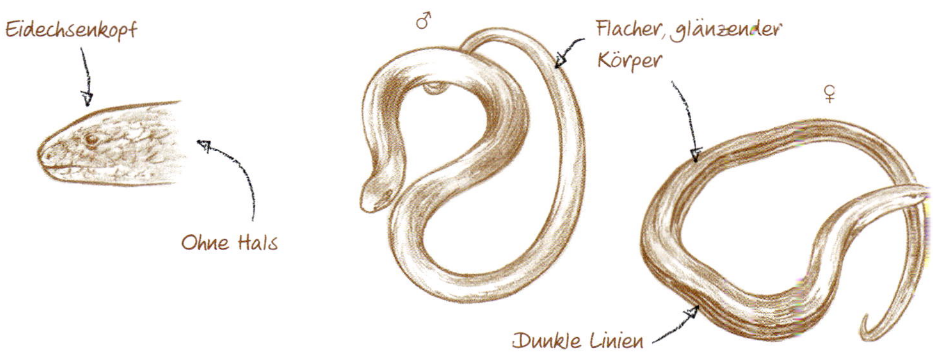


### DIE FALSCHE VIPER

**Wenn die Vipernatter beunruhigt ist, schwillt ihr Hals an. So wird ihr Kopf dreieckig wie bei der Viper.**

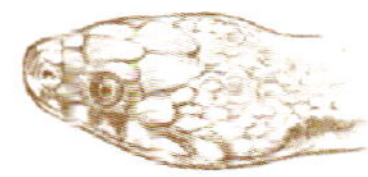

## Nahrungsgewohnheiten

Blindschleichen essen Nacktschnecken, Eidechsen und Insekten. Schlangen ernähren sich von Nagern. Blindschleichen und Schlangen machen sich also nützlich, indem sie die Ausbreitung von Schädlingen verhindern.

### EINE VIPER? KEINE PANIK!

**Vipern sind giftige Schlangen. Sie können für Kinder oder Tiere, die mit ihr spielen wollen, sehr gefährlich sein. Beachte jedoch, dass die Viper nur angreift, wenn sie es muss. Wenn du sie nicht ärgerst, wird sie versuchen zu flüchten, da sie ängstlich ist. Außerdem werden Vipern immer seltener. Die bei uns bekannteste Viper ist die Kreuzotter.**

# VOGELNISTHÄUSER

**Unter dem Dach oder im Briefkasten** – wilde Vögel wissen von selbst, wo sie ihre Nester bauen können. Aber wenn natürliche Nistmöglichkeiten in deiner Stadt selten sind, schenke den Vögeln einen Unterschlupf, wo sie ihre Jungen aufziehen können.

Fertignisthausmodell

## Das Briefkastennisthaus

Besorge eine 150 x 16 cm große Holzplatte. Zeichne die Schnittlinien darauf und lasse sie von einem Erwachsenen sägen. Nagle die Holzstücke zusammen. Nur der Durchmesser fürs Einflugloch ändert sich je nach Vogelart, die du aufnehmen möchtest:

- 27 bis 28 mm für Blaumeisen
- 32 bis 34 mm für Spatzen und Kohlmeisen
- 60 mm für Hausrotschwänze

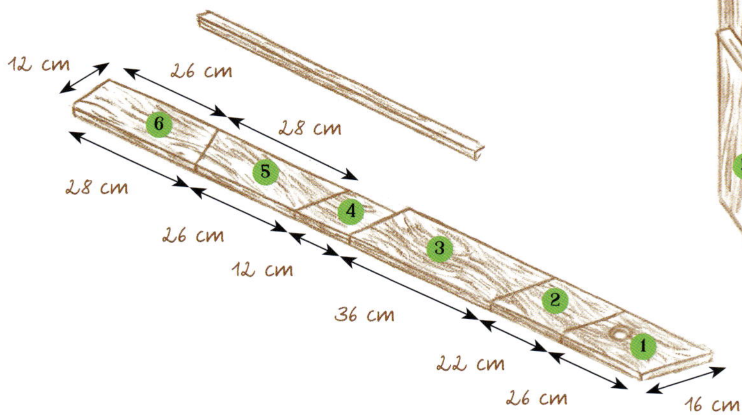

## Kein Hammer nötig!

Wenn du kein Bastler bist, kannst du einfach ein fertiges Nisthaus kaufen. Die gibt es in Baumärkten oder aber in den Läden der Naturschutzverbände. Wenn du dein Nisthaus bei einer Naturschutzorganisation kaufst, schlägst du zwei Fliegen mit einer Klappe: Du hilfst dem Verein bei seiner Mission, Tiere zu schützen, und du hilfst mit deinem Nisthaus den Tieren! Schmetterlinge, Frösche, Meisen und Eichhörnchen sagen Danke!

## Das Balkonnisthaus

Diese Nisthausart besitzt einen kleinen Vorbau. Dadurch werden zum Beispiel Katzen daran gehindert, die Vögel anzugreifen. Es wird gebaut wie das Briefkastennisthaus. Nur der vordere Teil ändert sich etwas.

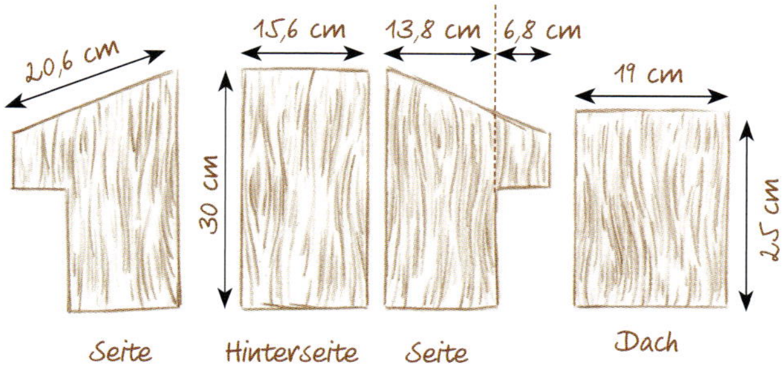


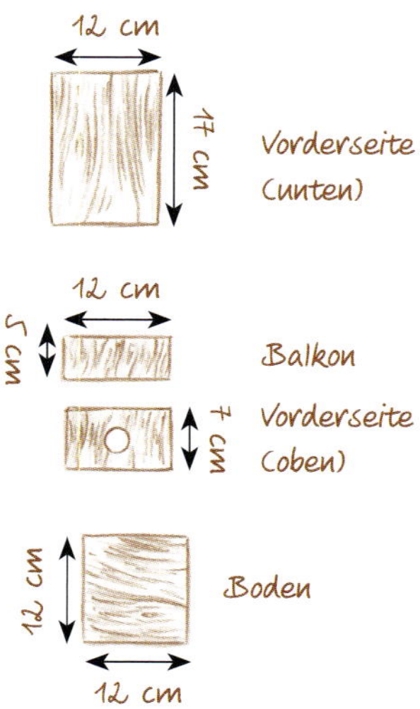


**DIE MATERIALIEN**

**Für die Holznistkästen benutze ein mindestens 2 cm dickes, nicht behandeltes Holz. Nehme ein Holz, das nicht so schnell verrottet, wie z. B. Lärche.**

## Wann soll man den Nistkasten aufstellen?

Tiere brauchen die Nistkästen nicht zum Schlafen. Sie brauchen den Schutz, um ihre Jungen aufziehen zu können. Schon lange vor der Brutzeit suchen sich die Vögel ihren Nistplatz aus, damit sie sich an ihn gewöhnen können. Die beste Zeit, um einen Nistkasten aufzustellen, ist also der Winter.

## Hochzeitsgeschenk

Zum Frühlingsbeginn verlieren Säugetiere ihr Winterfell. Bürste deine Katze, deinen Hund oder dein Pony und hänge die Haare in einen Baum. Vögel benutzen die Haare, um sich ein wolliges Nest auszustatten. Wenn du eine weiße Katze hast, wird das Nest weiß geschmückt sein!

## Wie soll man den Nistkasten aufbauen?

Benutze keine Nägel, um die Brutstätte an einem Baum zu befestigen. Die Rinde ist ein lebender Bestandteil des Baumes und würde sonst beschädigt.

- Befestige den Nistkasten mit einem biegsamen Draht.
- Achte darauf, dass sich keine Äste in der Nähe der Öffnung befinden. Stare oder andere Diebe wie Eichhörnchen oder Elstern würden sie nutzen, um die Eier zu fressen.
- Achte darauf, dass Sonne auf den Nistkasten fällt, jedoch nicht den ganzen Tag. Richte es gegen die Himmelsrichtung Süd, Süd-Ost aus.

Das Vogelhaus sollte leicht geneigt angebracht werden, damit kein Regenwasser hineinkommen kann.

# SCHWALBEN UND SEGLER

**Schwalben und Segler haben oft Probleme,** Nistmöglichkeiten zu finden. Du kannst ihnen dabei helfen! Richte ihnen Nistmöglichkeiten bei dir zu Hause ein oder frage bei deiner Schule nach, ob du eine »Rettet die Vögel«-Aktion organisieren darfst.

## Wie erkennt man Schwalben und Segler?

Zwei Arten Schwalben und eine Art Segler nisten häufig in Gebäuden. Schwalben nisten von Mai bis August, die Segler von April bis Mitte August.
Schwalben und Segler sind Zugvögel. Sie fliegen in den Süden, wenn die Kälte kommt. Nur ein paar Schwalben verbringen den Winter in Europa.

**Rauchschwalbe**

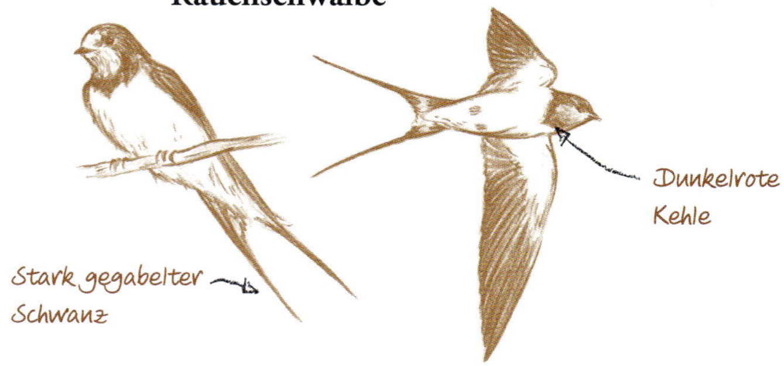


**Mehlschwalbe**

**Mauersegler**

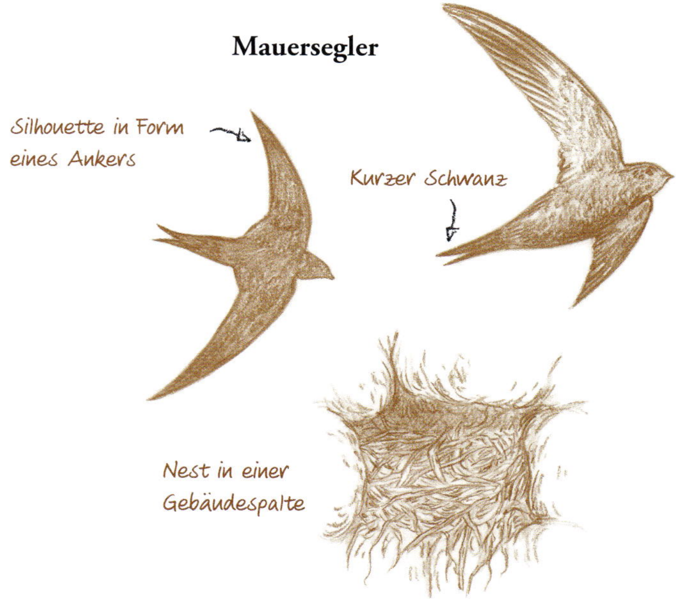


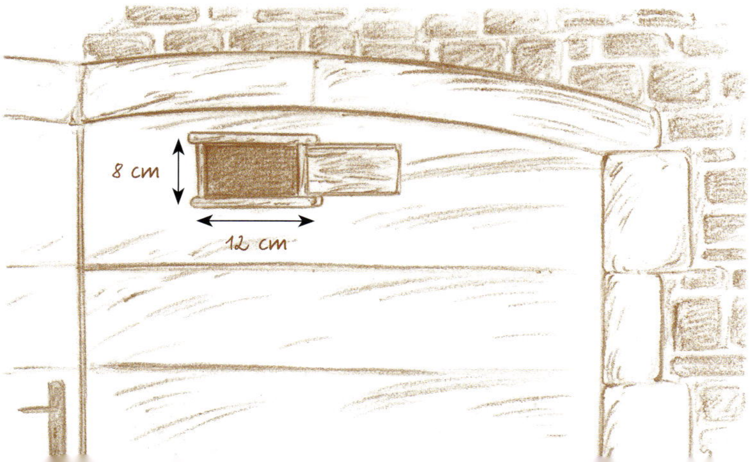


## Lasst uns die Scheunen öffnen!

Heute sind immer mehr Scheunen, Ställe und Gartenhäuser verschlossen. Die Rauchschwalben finden kaum Gebäude mehr, in denen sie nisten könnten. Mit einer horizontalen, 12 x 8 cm großen Öffnung in eurer Scheune hilfst du ihnen, sich in Ruhe fortzupflanzen. Doch bevor du ein Loch bohrst, musst du natürlich den Besitzer um Erlaubnis fragen. Wenn er einverstanden ist, hilft er dir ja vielleicht dabei?

## NISTHÄUSER DER SEGLER

**Segler brüten nur an erhöhten Stellen. Du wirst wahrscheinlich Hilfe brauchen, um die Nisthäuser aufzustellen.**

## Nestanfänge:

Zusätzlich zum Schlamm (*siehe* S. 20), kannst du kelchförmige Nestgerüste aus Draht aufhängen. Rauch- und Mehlschwalben werden den Draht zu ihren Nestern ausbauen. Mehlschwalben leben in Gruppen. Du musst also mehrere Nestgerüste oder Nistkästen anbieten, wenn du sie anlocken möchtest.

## Mist aber auch!

Wenn du ein Brett unter dem Nest anbringst, kannst du viel Dreck vermeiden. Der Kot der Vögel ist sehr guter Dünger. Wasche dir die Hände nach Berührung.

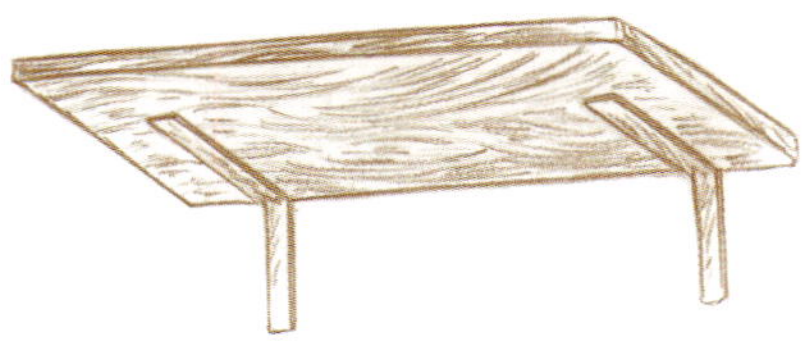

## LASS MEINE SCHWALBEN IN RUHE

**Schwalben und Segler sind nützliche Insektenfresser und durch das Gesetz geschützt. Es ist verboten, sie, ihre Küken, ihre Eier oder gar ihre Nester zu zerstören.**

# RAUBVÖGEL

**Die Schleiereule findet man auf dem Land. Den Turmfalken und den Waldkauz wiederum trifft man auch in Städten. Doch moderne Hochhäuser und ihre großen, glatten Fassaden bieten ihnen immer weniger Hohlräume für ihre Nester. Auch hier kannst du etwas unternehmen.**

## DIE SCHLEIEREULE

Die Schleiereule nistet in eher ruhigen Gebäuden: in Kirchtürmen, in Scheunen oder in anderen alten Gemäuern. Doch die Schleiereule steht heutzutage häufig vor verschlossener Tür. Du kannst ihr einen Nistkasten aus einer großen Weinkiste und ein paar Brettern zimmern. Sie liebt vor allem unterteilte Nistkästen.

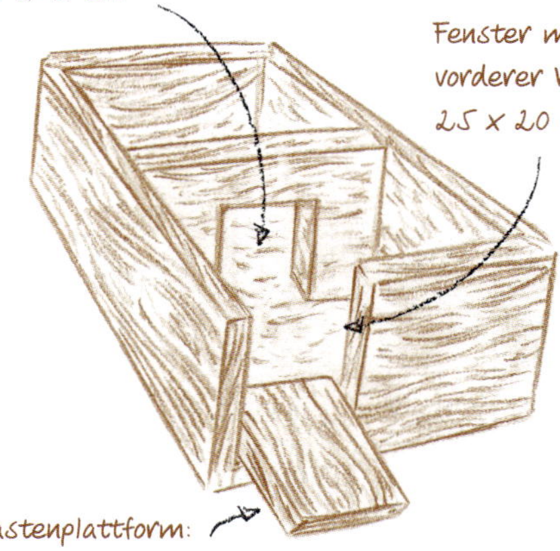


## DER WALDKAUZ

Der Waldkauz besucht Wälder sowie Gärten inmitten der Stadt. Um einen Waldkauznistkasten zu bauen, benutze die genannten Materialien (*siehe* S. 26).

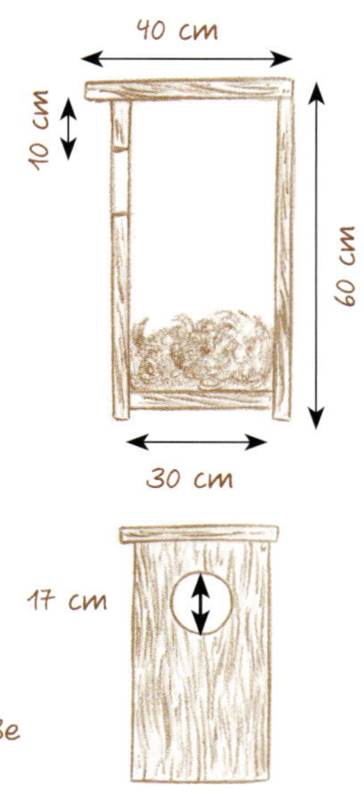


Du musst diese Maße nicht strikt einhalten.

Die Schleiereule baut eigentlich kein Nest. Die Ecken, in denen sie nistet, sind mit Federn ausgelegt.

# DER TURMFALKE

## Der Nistkasten

Der Turmfalke baut kein Nest, er richtet sich in Steinspalten, alten Nestern oder Gebäuden ein. Manche Turmfalken nisten spontan auf Balkonen inmitten der Stadt! Aber da die Nistmöglichkeiten immer rarer werden, ist eine kleine Hilfestellung deinerseits willkommen.

### Tipp

Lege etwas Sägemehl in den Kasten, um ein kuscheliges Nest einzurichten.

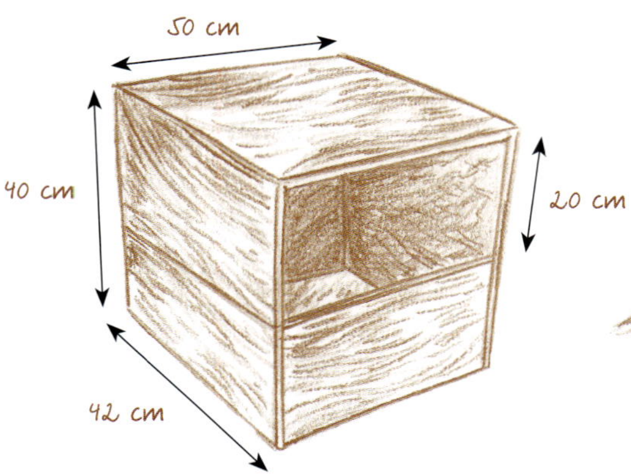

## Wohin baut man einen Nistkasten?

Der Nistkasten für den Turmfalken sollte in mindestens 5 m Höhe angebracht werden. Die Stelle sollte vor Wind und Regen geschützt sein. Wenn du hoch oben in einem Hochhaus wohnst, kannst du den Kasten mit solidem Draht am Balkongeländer befestigen oder auf einen Fenstervorsprung stellen. Wenn du auf dem Land wohnst, muss der Kasten mindestens auf der 1. Etage sein.

## PFLEGE DER NISTKÄSTEN

Viele Vögel tragen Parasiten mit sich. Darum müssen alle Nistkästen einmal im Jahr sauber gemacht werden. Am besten nutzt du die Winterzeit dafür. Wenn du das Dach mit einem Stück Plastik oder Aluminium abdeckst, schützt du den Nistkasten vor Unwettern. So wird der Nistkasten eine längere Lebensdauer haben.

## NISTKÄSTEN IN DER STADT AUFSTELLEN

Für Segler, Schwalben oder Raubvögel kannst du in deiner Stadt »Rettungsaktionen« organisieren. Dabei wirst du die Hilfe der Feuerwehr benötigen: Sie wird dir helfen, die Kästen in einer Höhe anzubringen, die normalerweise nicht zugänglich ist. Vergesse nicht das Einverständnis der Schule, des Rathauses oder der Besitzer des Gebäudes einzuholen, bevor der Kasten angebracht wird.

# FLEDERMÄUSE UND IGEL

**Diese beiden Säugetiere verbringen den Winter in ihrem Unterschlupf. Im Sommer suchen sie sich tagsüber kleine Unterkünfte, um sich auszuruhen. Indem du dem einen und anderen einen Zufluchtsort bietest, wirst du sie dazu bringen, sich bei dir niederzulassen.**

## Ein Ruheplatz für Fledermäuse

Im Winter halten Fledermäuse ihren Winterschlaf in Höhlen und Kellern. Im Sommer hängen sie tagsüber in Speichern und hinter offenen Fensterläden. Auffindbar sind sie dank ihres Kots, der wie dunkle Reißkörner aussieht und zwischen den Fingern zerbröckelt (wasche dir nach Berührung gut die Hände).

Du kannst den Fledermäusen einen Ruheplatz einrichten:

- Befestige ein leicht angerautes Holzbrett an einer Wand.
- Montiere Leisten auf dieses Brett.
- Bedecke das Ganze mit einem anderen Holzbrett.

Igel benötigen Löcher, die mindestens 10 x 10 cm groß sind.

## Lasst uns durch!

Damit Igel sich frei bewegen können, muss es Löcher in den Gartenzäunen geben. Die Zugänge zur Straße jedoch müssen verschlossen sein, denn sonst könnten die Igel leicht überfahren werden. Bei Fledermäusen hingegen sind Öffnungen überlebenswichtig! Sie überwintern in Kellern. Dadurch, dass viele Türen nach dem Winter geschlossen wurden, mussten schon viele Fledermäuse sterben. Eine Öffnung in eurer Kellertüre ermöglicht es ihnen, den Keller ohne Probleme wieder zu verlassen. Bevor du aber irgendetwas unternimmst, musst du die Erlaubnis deiner Eltern haben. Sie können dir auch dabei helfen, eine Öffnung einzurichten.

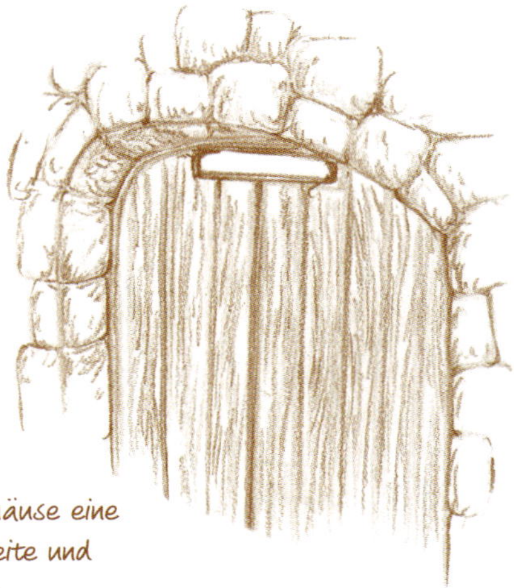

Richte für die Fledermäuse eine horizontale, 20 cm breite und 9 cm hohe Öffnung ein.

## Zufluchtsorte für Igel

Hecken mit dornigen Büschen, wie zum Beispiel der Weißdorn, aber auch Holzstöße, alte Äste oder ein Kompost (*siehe* S. 53) bieten dem Igel Schutz und Nahrung. Es ist unnötig, den Igel zu füttern. Er sucht sich selbst seine Nacktschnecken zum Essen. Es reicht vollkommen aus, ihm etwas Wasser zu geben. Für Igel gibt es fertige Winterschlafkästen

Aber du kannst auch deinen eigenen Unterschlupf für ihn herstellen:

- Lege ein 25 x 45 cm großes Brett auf zwei kleine Baumstämme.
So bleibt das Brett von der Kälte und Nässe des Bodens geschützt.
- Streue etwas Stroh auf das Brett.
- Setze eine Kiste ohne Boden darauf.
- Bedecke nun alles mit einer Plane und Ästen.
- Grabe im Boden ein Zugangsloch mit 20 cm Durchmesser und 7 cm Tiefe.

## Schützt die Igel

Hier ein paar goldene Regeln:

- Verstreue kein Schneckengift: Es vergiftet die Igel.
- Achtung beim Rasenmähen oder beim Verbrennen trockener Blätter: Ein Igel könnte sich dort versteckt haben.
- Wenn ihr einen Teich oder eine Wasserstelle habt, stelle eine Leiter hinein. Auf der Suche nach dem Ausgang ermüden die Tiere sonst und sie können ertrinken.
- Lasse keine leeren Dosen herumliegen. Junge Igel kriechen hinein und kommen wegen ihrer Stacheln nicht wieder heraus und ersticken.

Bringe in eurem Wasserbecken ein mit Draht bespanntes Brett an (um Ausrutscher zu vermeiden), das vom Beckengrund bis zum Rand reicht.

# ERNÄHRUNG DER TIERE

**Werde zum Tierkoch.** **Bereite ihnen ein paar besondere Mahlzeiten zu: Sirup für Bienen und Schmetterlinge, Körner für Eichhörnchen und Vögel, Fleisch für Füchse und Steinmarder. Die Leckermäuler werden nicht lange auf sich warten lassen.**

## ZUCKER, SALZ UND CO.

**Tiere brauchen Wasser** und Nahrung, Salz und Zucker, genau wie wir Menschen. Du kannst Tiere damit anlocken, um sie zu beobachten. Aber vergesse nie, dass Tiere eigentlich in der freien Natur leben und dass sie sich auch ohne unsere Hilfe ernähren können.

### Zucker für die Insekten

Zucker ist sehr energiereich. Die meisten Insekten lieben ihn, vor allen Dingen die Insekten, die einen kleinen »Rüssel« haben.

Zerdrücke reife Früchte mit Zucker, gebe ein paar Tropfen Bier oder Wein dazu und lasse sie 2 Tage lang gären.

Schütte dann alles in eine Untertasse und lege einen Stein in die Mitte (*siehe* S. 13). Lege die Untertasse auf eine Mauer in die Sonne, die Insekten werden schnell kommen.

### Der Gewürzladen

Selbst auf einem Fenstersims kannst du mit einem einfachen Blumentopf Schmetterlinge und andere saugende Rüsselinsekten anziehen. Sie ernähren sich von Nektar. So nennt man die Flüssigkeit, die von Blüten und Pflanzen hergestellt wird. Nektar besteht hauptsächlich aus Zucker und Wasser. Biete den Insekten Gewürzpflanzen an wie Thymian, Rosmarin, Pfefferminz oder Lavendel. Diese Pflanzen schmecken köstlich und du kannst toll deine Gerichte damit würzen.

### Salz für Hirsche

Auf den Wiesen legen Viehzüchter oft Salzsteine für Ziegen oder Pferde aus. Wenn du in der Nähe eines Waldes wohnst, kannst du ein oder zwei Salzsteine auf den Boden legen oder besser in 1 m Höhe über den Boden hängen. Rothirsche oder Rehe, die auch Salz brauchen, werden sich freuen. Die Lecksteine kann man in Reit- oder Viehfutterläden kaufen.

### Heu im Winter

Im Winter wird die Nahrung für viele Tiere knapp. Du kannst für sie etwas Heu an den Waldrand legen. Lege es an eine erhöhte Stelle, beispielsweise in eine Astgabelung. Das Heu sollte vor Feuchtigkeit geschützt sein, damit es nicht schimmelt. Du musst die Tiere sich daran gewöhnen lassen und dich dann auf die Lauer legen (*siehe* S. 42).

### WIE BEOBACHTET MAN SÄUGETIERE?

Die meisten Säugetiere beobachtet man am besten im Morgengrauen, bei Sonnenuntergang oder mitten in der Nacht. Rotes Licht bemerken sie nicht Um sie nicht zu stören, befestige daher einen roten Filter auf deiner Taschenlampe. Du kannst auch rote, transparente Bonbonpapiere verwenden.

# VOGELHÄUSCHEN

**Vogelhäuschen sind da**, um Vögel während großer Kälte zu ernähren. Im Winter finden Vögel nur sehr schwer Nahrung. Es macht Spaß, den Vögeln eigene Menüs anzubieten. Denn wie du das Vogelfutter aussuchst und dekorierst, bleibt ganz dir überlassen. Sobald es nicht mehr friert, höre auf, die Vögel zu füttern.

## EIN PAAR TIPPS

- Wenn du anfängst, Vögel zu füttern, musst du es regelmäßig tun. Gib ihnen jeden Tag zur gleichen Zeit das Futter, denn sie werden sich schnell daran gewöhnen. Sie verbrauchen Energie, wenn sie zu deiner Futterstelle fliegen, und sie dürfen diese kostbaren Kalorien nicht umsonst verbrennen.
- Säubere deine Krippe oft. Einmal pro Saison solltest du den Platz wechseln, da die Vögel sonst überall ihren Kot hinterlassen. Das könnte Krankheiten bei den Tieren verursachen. Vor allem, wenn Nager kommen, um die Krümel zu fressen.
- Wenn du einen toten Vogel in der Nähe deiner Einrichtung siehst, benachrichtige eine Naturschutzorganisation oder das Veterinäramt. Aber keine Angst, das passiert sehr selten!

### UNERWARTETER BESUCH

**Die Vogelhäuschen locken viele kleine Vögel an, diese ziehen wiederum größere Vögel an. Immer öfter sieht man hungrige Sperbervögel um die Futterplätze jagen. Auch für sie ist es eine Futterreserve. Manchmal »besetzt« ein Eichhörnchen den Futterplatz. Es liebt Sonnenblumenkörner und andere Leckereien und hat im Winter manchmal Hunger.**

# DIE STAMMGÄSTE

Ein Vogelfutterhäuschen ist eine wahre Live-Naturdoku! Kennst du die Vögel, die dein Futterhaus besuchen kommen? Versuche einmal, das herauszufinden. Ein Bestimmungsbuch kann dir dabei helfen. Es ist ein bisschen wie Memory spielen. Bei manchen Arten, wie beim Haussperling oder dem Buchfink, kannst du üben, das Weibchen vom Männchen zu unterscheiden. Du kannst auch Ethologe (Verhaltensforscher) spielen und ihre Gewohnheiten beobachten: Die Heckenbraunelle ernährt sich fast nur vom Boden. Im Gegenteil dazu sind die Meisen wie Akrobaten. Wenn du möchtest, kannst du versuchen, sie zu fotografieren oder zu zeichnen.

# VOM KÖDER ANGELOCKT

**Lege das Futter so hin,** dass große Vögel wie die Stare nicht alles fressen: Kleine an Äste gehängte Netze werden nur für die geschicktesten Vögel wie Meisen zugänglich sein. Futter am Ende dünner Äste ist für die leichtesten Vögel vorgesehen.

### VERBOTENES FUTTER

**Achtung, man darf Vögeln niemals trockene Kokosnüsse, trockenes Brot, gesalzenen Speck, gesalzene Erdnüsse, Chips oder jegliche andere gesalzene oder scharfe Nahrung geben.**

Tagesmenü

Zum Gasthaus Weiße Meisen

**Aperitif**

Spieß aus ganzen Erdnüssen mit Schale auf Draht

**Erste Vorspeise**

Cocktail aus Körnern und Müsli (Hanf, Gerste, Hirse, Haferflocken, Mais ...)

**Zweite Vorspeise**

Ungesalzene Schinkenschwarten, Butter, Margarine und Knochenmark

**Zwischengang**

Pures Wasser, leicht angewärmt

**Tagesessen**

Schmalz garniert mit Sonnenblumenkörnern

**Tagesgemüse**

Gekochte Reisrollen, gekochte Nudeln und hauseigene gekochte Kartoffeln

**Käsekreis**

Käserinden und altbackener Käse, von Hand gerieben

**Dessert**

Fauler Früchtetraum in Schale, Garnitur aus trockenen Keksen oder Trockenfrüchte-Auswahl (Mandeln, Walnüsse, Haselnüsse, Trauben ...)

*Hier eine Idee für ein königliches Mahl*

## MAHLZEIT-IDEEN

Meisen und Drosseln mögen leichte, reife Früchte. Insektenfresser werden Fleischfette oder Schinken schätzen. Sogar gekochter Reis oder Nudeln werden ihre Freunde finden.

Amsel

Drossel

# KLEINES KÜCHENREZEPT

Es gibt im Handel sogenanntes Wildvogelfutter (um es nicht mit Käfigvogelfutter zu verwechseln). Du kannst so eine Mischung selbst zubereiten, und zwar mit Sonnenblumenkernen und Schmalz (Schweinefett).

**1.** Schmilz das Schmalz in einem Topf.

**2.** Füge die Körner hinzu und lasse das Ganze abkühlen.

**3.** Ist die Mischung hart, teile sie mit einem Löffel in kleinere Mengen.

**4.** Fülle die Portionen in ein Netz (z. B. Zwiebelnetze).

# EICHHÖRNCHEN UND ANDERE NAGER

Du kannst Eichhörnchen und andere Nager mit besonderen Futterplätzen anlocken. Wenn die Nacht einbricht, fühlen sich die kleinen Tiere in Sicherheit. Dann werden sie kommen und sich zeigen.

## DER FUTTERPLATZ FÜR HUNGRIGE NAGER

Lege verschiedenes Futter auf ein Holzbrett: Körner, Früchte, Käsereste oder Katzenfutter. Lasse das Futter für Erdtiere auf dem Boden. Sichere deine Vorrichtung mit Maschendraht (etwa wie um Hühnerkäfige): Der Draht wird nur kleine Säugetiere durchlassen, nicht ihre Feinde. Wenn nötig, baue ein paar Zugangstunnel, die ihnen ermöglichen, in aller Sicherheit zu deinem Futterplatz zu gelangen. Du kannst dafür große Plastikrohre benutzen.

### RESPEKTIERE DIE NACHBARSCHAFT

**Achtung: Habt ihr oder eure Nachbarn einen Gemüsegarten? Dann werden deine Eltern wahrscheinlich nicht sehr erfreut sein, wenn du Mäuse anlockst, die die Ernte anknabbern. Erkundige dich vorher und unterlasse es, wenn nötig. Als Tierfreund stehst du stellvertretend für alle Naturfreunde und musst ihren guten Ruf bewahren!**

# NAGER ODER INSEKTENFRESSER?

Du kannst die Nager an der Länge ihres Schwanzes und ihrer Ohren unterscheiden. Unter diesen vier Säugetieren ist nur die Spitzmaus kein Nager. Sie ist ein Insektenfresser. Du wirst sie vor allem im Morgengrauen beobachten können.

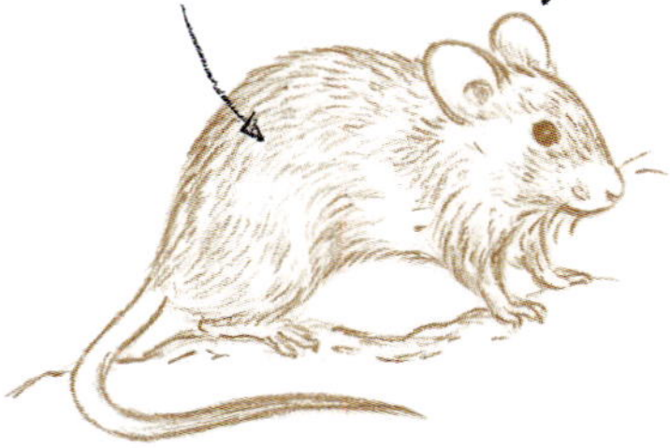


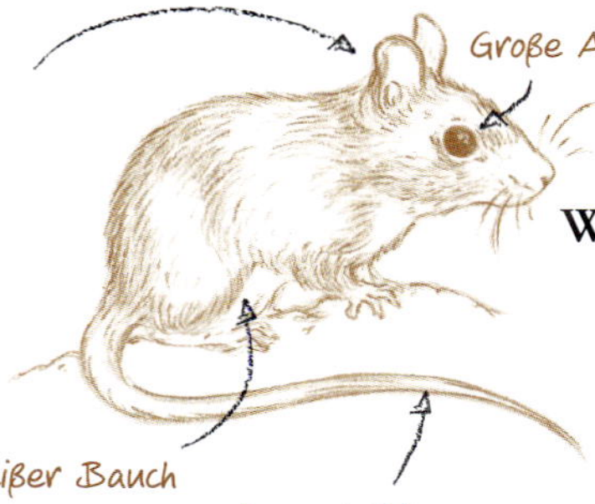

# EIN FUTTERPLATZ FÜR EICHHÖRNCHEN

## Die Funktionsweise

Diese Futterbox gibt es zu kaufen, aber du kannst auch selbst eine basteln. Das Prinzip ist einfach: Eine Seite ist durchsichtig, damit das Eichhörnchen die Körner im Innern sehen kann. Außerdem hat die Kiste ein abnehmbares Dach. Nur Eichhörnchen, die sehr geschickte Pfoten haben, werden den Deckel öffnen können. Wenn sie es nicht gleich können, klappe das Dach leicht auf. Lege eine Nuss zwischen Deckel und Kiste, damit sie die Funktion verstehen. Eichhörnchen lieben Walnüsse, Haselnüsse, Rosinen, ungesalzene Erdnüsse und Sonnenblumenkerne.

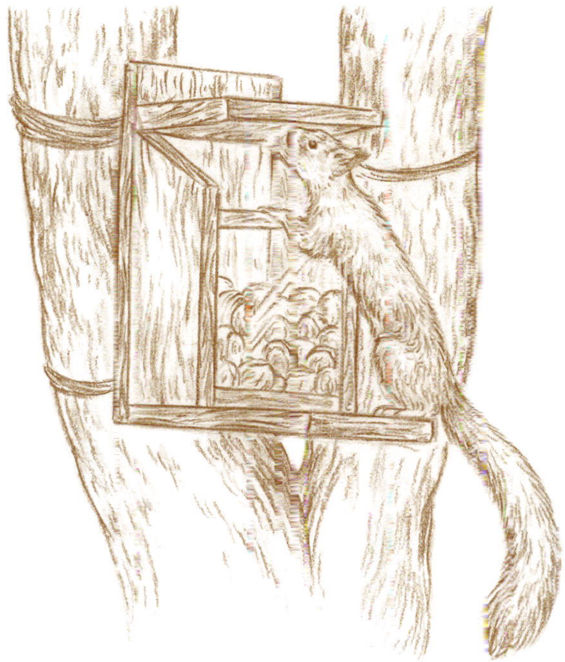

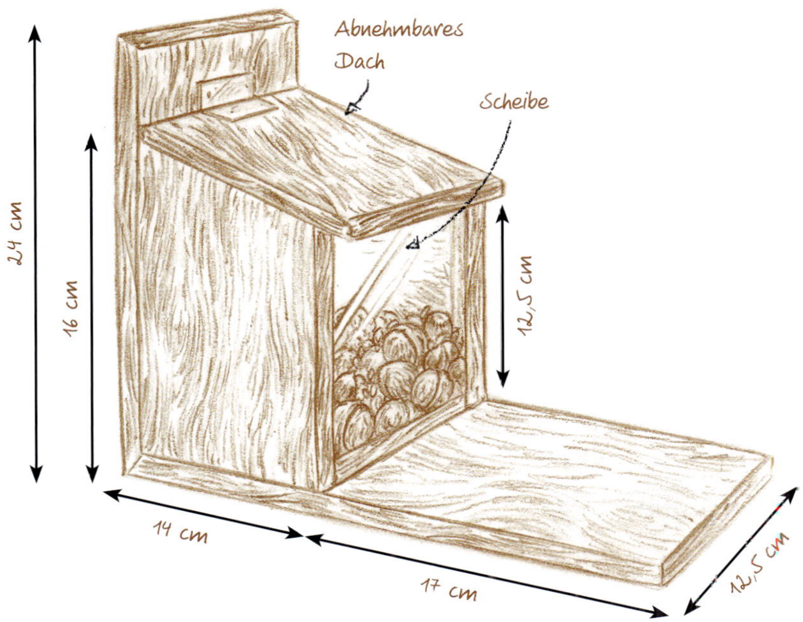


## Wo befestige ich die Futterbox?

Die Futterbox muss weit oben angebracht werden. In der Gabelung eines Baums, auf Ästen, die vor dem Regen geschützt sind, oder du befestigst die Kiste mit Schnüren am Stamm.

# FLEISCH- UND AASFRESSER

Von allen Tieren sind Fleischfresser am schwierigsten zu beobachten.
Sie sind meistens nur in der Nacht aktiv und sie sind sehr misstrauisch.
Du musst sie ganz langsam daran gewöhnen, zu deinen Ködern zu kommen.

## AUF DER LAUER

### Die Unterschlupfhütte

Sie muss in der Umgebung getarnt wirken. Passe dich der umliegenden Landschaft an.

Eine einfache Tarndecke kann ausreichend sein.

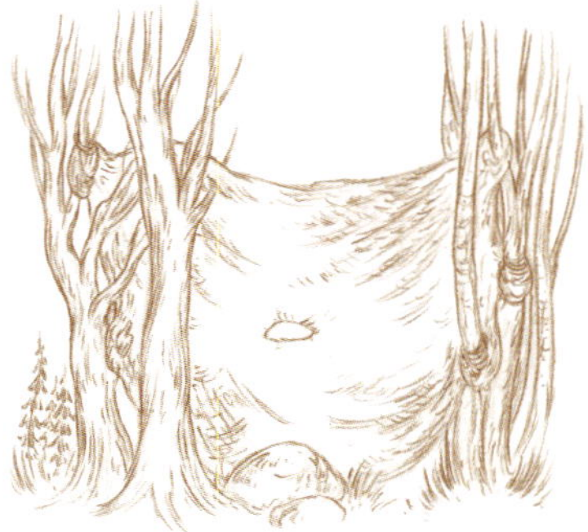

Du kannst auch ein dunkles Tuch zwischen die Äste spannen.

In freiem Gelände wirst du deine eigenen Materialien mitbringen müssen, z. B. ein getarntes Zelt.

**Tipp**

Bewaffne dich im Sommer mit Zitronenkraut, um Stechmücken zu verjagen.

**Wiesel**

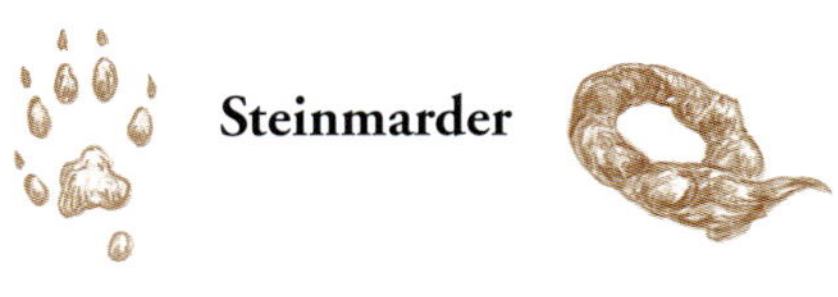

**Steinmarder**

**Fuchs**

### Bereite das Gelände vor

Fleischfresser werden oft von Jägern gejagt, daher sind sie dem Menschen gegenüber sehr misstrauisch geworden. Du musst sie nach und nach an dein Versteck gewöhnen: Hier ist die Vorgehensweise:

- Finde zuerst die Pfade der Tiere anhand ihrer Spuren (Abdrücke, Kot) und Durchgänge auf.
- Baue deine Hütte in der Nähe eines Durchgangs auf und warte ein paar Tage.
- Befestige gegenüber dem Versteck einen Fleischrest (etwas erhöht über dem Boden, um keine Ameisen anzuziehen). Wenn du siehst, dass der Köder von einem Tier mitgenommen wurde, ersetze ihn. Gehe vor Nachteinbruch in dein Versteck und lasse dich dabei am besten von einem Erwachsenen begleiten.

# EIN WAHNSINNIGER GERUCHSINN

Wie alle Säugetiere haben Wiesel, Steinmarder und Füchse einen sehr guten Geruchssinn. Wenn du sie beobachten willst, dann stelle dich so auf, dass der Wind gegen dich bläst. Weht der Wind in die Richtung der Tiere, können sie dich sehr leicht aufspüren. Vermeide jedes Geräusch und jede schnelle Bewegung. Und wenn der erwartete Fuchs nicht kommt, hält die Natur noch viele andere Begegnungen für dich bereit.

Fuchs

Wiesel

Totengräber beim Begraben einer Maus

# AASFRESSER

## Totengräber

Es gibt Insekten, die tote Tiere, sogenanntes Aas, fressen. Diese Insekten kannst auch du in der Natur beobachten. Aus Hygienegründen kommt es jedoch nicht in Betracht, Aasfresser zu dir nach Hause zu locken. Solltest du jedoch einem begegnen, beobachte sie gut. Schöne schwarz-orangene Käfer, die Totengräber, schaffen es, ganze Mäuse, kleine Vögel oder Eidechsen aufzulösen: Sie machen ihr Nest im toten Tier selbst. Ihre Larven ernähren sich von dessen Fleisch. Aasfresser sind für das natürliche Gleichgewicht nötig.

Mit etwas Glück zeigen sich Steinmarder

# TIPPS UND TRICKS

**Du kannst Tiere anlocken,** indem du ihnen Nahrung oder einen Unterschlupf anbietest. Aber es gibt auch andere Tricks, die du kennen solltest. Bühne frei für Ton und Licht!

## MIT MUSIK

**Gesänge oder Tierschreie** nachzuahmen ist ein bisschen so, wie mit den Tieren zu reden. Auf jeden Fall funktioniert es oft, da die Tiere auf diese Töne reagieren.

### Imitiere die verletzte Maus ...

Diese Tricks funktionieren mit allen Raubtieren: Fuchs, Hermelin, Bussard, Eule (wie der Steinkauz), Katze und so weiter. Man muss den Schrei eines verletzten Nagers nachmachen, indem man geräuschvolle Küsse auf seinen Handrücken macht. Dies macht ein hohes »ffffffffs«, was ein Raubtier sofort innehalten lässt. Die Ohren gespitzt, wird es in deine Richtung schauen. In diesem Moment darfst du dich nicht bewegen, damit es dich nicht bemerkt. Wenn der Wind für dich günstig steht, kannst du so zum Beispiel einen Fuchs zu dir locken.

Hermelin

Mäusebussard

Steinkauz

## ... oder Jungvögel

Um Vögel anzulocken, rufe zehnmal hintereinander »Pschhh« und wiederhole das alle ein bis zwei Minuten. Das funktioniert am besten im Wald oder entlang von Hecken oder Gestrüpp. Setze dich lautlos ein paar Minuten hin, bevor du anfängst. Das »Pschhh« ähnelt dem Geschrei von kleinen Vögeln, die Hunger haben oder in Not sind. Der Lockruf funktioniert im Herbst besser als im Frühling. Wenn er nicht funktioniert, wundere dich nicht: Du wurdest entdeckt.

Jungvögel, die im Nest nach der Futter rufen

Schwalben beim Angriff eines Raubvogels

Grauer Wolf

## Lockpfeife und Tonbandgerät

Du kannst auch den Schrei von Rotkehlchen, Pirol oder Eule nachmachen, die ihr Gebiet verteidigen. Männchen werden dadurch angelockt, die glauben, es mit einem Rivalen zu tun zu haben. Früher benutzte man Lockpfeifen aus Holz, um die Geräusche nachzuahmen. Heutzutage arbeitet man eher mit Tönen, die auf Tonband aufgenommen wurden. Die Methode ist bei Naturfreunden sehr beliebt. Aber übertreibe es nicht damit, da das Geräusch die Tiere sonst verwirrt.

Männlicher Pirol

Waldohreule

Kuckuckslockpfeife

## Heule mit den Wölfen

Es ist sehr einfach, Wölfe zum Heulen zu bringen. Sie gehen schnell auf deine Rufe ein. Wenn du in einer Region bist, in der es Wölfe gibt (z. B. in den französischen Alpen), kannst du es einmal versuchen. Hunde, die von den Wölfen abstammen, fangen manchmal zu heulen an, wenn sie eine bestimmte Musik hören.

## Sogar die Grashüpfer!

Der braune Grashüpfer antwortet, wenn man kurze Rufe wie »bzzz, bzzz« über der Erde an freien Plätzen (Wegen, Lichtungen, Sandgruben ...) ertönen lässt. Er unternimmt Tonduelle, als wollte er das letzte Wort haben. Bzzz! Bzzz!

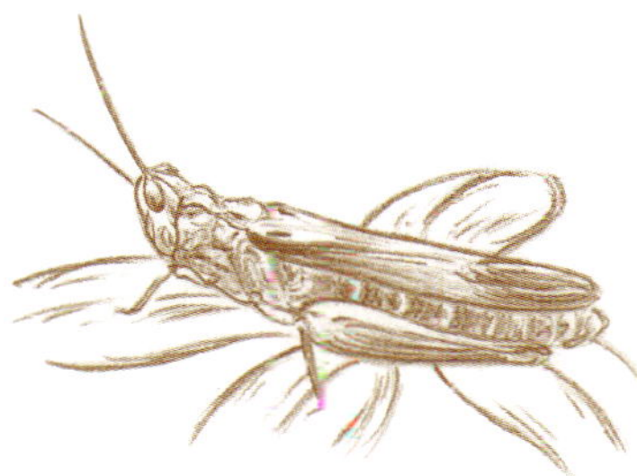

# ALTER INDIANERTRICK

**Bewegungen oder Lichter** können Tiere anziehen. Benutze diese Tricks nicht zu häufig, denn sie stören die Tiere. Und das ist nicht unser Ziel.

## KLEINTIERE KITZELN

Im Frühling singt die Feldgrille vor ihrem Bau und verkriecht sich darin beim leisesten Geräusch. Schiebe einen Grashalm hinein und kitzle die Grille, dann wird sie herauskommen.

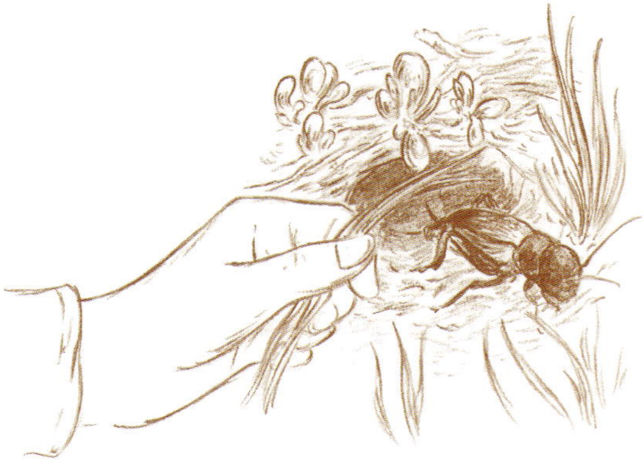

Wenn du beim Spazierengehen ein Spinnennetz findest, halte eine schwingende Stimmgabel dagegen. Manche Spinnen werden die Vibrationen für eine Beute halten, die fliehen will. Nicht alle Arten reagieren auf die Stimmgabel.

Um Regenwürmer aus der Erde zu locken, klopfe mit den Fingern leicht auf den Boden. Vögel, wie die Möwe und der Kiebitz, machen diesen Trick mit ihren Füßen. Sie sind Profis, wenn es um das Fangen von Regenwürmern geht.

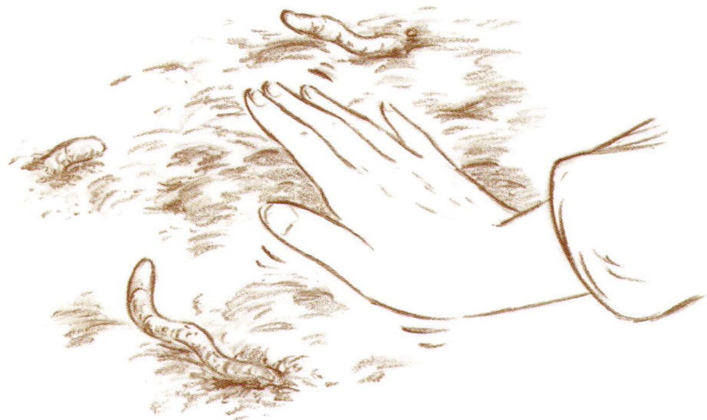

## DIE MAUEREIDECHSE

Mauereidechsen sind unsere bekanntesten Reptilien. Es sind neugierige Tiere. Sie fliehen, wenn du dich näherst. Aber wenn du wartest, stecken sie den Kopf aus ihrem Versteck, um dich zu beobachten. Versuche, eine Eidechse aus ihrem Versteck zu locken, indem du vor ihrer Nase mit einer Feder, einem gefundenen Schmetterlingsflügel oder einem Stück Stoff an einer kleinen Angel (ein Stock und einen Faden) wedelst.

Bewege einen Lockvogel vor einer Eidechse. Sie wird versuchen, ihn zu fangen.

# WETTRENNEN ZUM LICHT

Da Insekten Licht folgen, fliegen sie manchmal auch in unsere Häuser. Unsere Fensterscheiben sind für sie nicht zu sehen. Darum versuchen sie immer wieder, durch die durchsichtigen Scheiben nach draußen zu gelangen. Du kannst dann ihre Farben und Arten betrachten: Versuche, sie mithilfe von Bestimmungsbüchern zu identifizieren. Öffne ihnen dann das Fenster, denn Insekten sind für das Gleichgewicht in der Natur nützlich.

# DER LICHTKÖDER

## Die Fledermäuse

Insekten werden von künstlichem Licht angezogen. In Städten und Dörfern sind Straßenlaternen wahre Insektenfänger. Dies ist eine der Ursachen, warum sie vom Aussterben bedroht sind: Sie verbrennen sich ihre Flügel an dem Licht. Fledermäuse lieben Nachtfalter. Sie kommen häufig zum künstlichen Licht, um die Falter zu jagen. Dies ist eine seltene Gelegenheit, Fledermäuse im vollen Licht zu beobachten. Höre ihren Flügelschlägen und Schreien zu (manche sind für das menschliche Ohr hörbar). Wenn sie sich einer Beute nähern, werden ihre Schreie schneller!

## Die Insekten

An Sommerabenden werden viele Insekten vom Licht der Häuser angezogen und fliegen von außen gegen die Fensterscheiben. Lösche besser das Licht oder ziehe die Vorhänge zu, um sie nicht mehr zu irritieren.

# HAUSTIERE

**Und Haustiere?** Es kann schwierig sein, ihr Vertrauen zu gewinnen. Hier sind ein paar Ratschläge, um mit ihnen zu sprechen und sie liebevoll anzulocken.

**Tipp**
Hunde und Katzen sind Raubtiere. Du kannst sie mit einem bestimmten Ruf anlocken (*siehe* S. 44).

## VERTRAUEN GEWINNEN

Viele Tiere sind sehr schüchtern. Man darf nicht zu dicht an sie herangehen und man darf sich auch nicht zu schnell auf sie zubewegen. Alle Tiere scheinen dem großen Umriss der Menschen zu misstrauen. Hier sind ein paar Regeln, die man einhalten muss, wenn du das Vertrauen eines Tieres gewinnen willst:

- Knie dich hin, um das Tier nicht einzuschüchtern.
- Sprich leise mit ihm.
- Lasse das Tier sich dir in seiner eigenen Geschwindigkeit nähern.
- Vermeide es, einem großen Hund direkt in die Augen zu schauen. Er versteht das als Herausforderung.
- Wenn eine Katze dich anschaut, kneife die Augen zusammen: Für sie ist es ein Zeichen, dass alles in Ordnung ist.

## BLEIBE VORSICHTIG!

### Hunde

Manche Tiere verhalten sich aggressiv, entweder aus Angst oder weil sie spielen wollen. Hunde zum Beispiel (die von den Wölfen abstammen und also Jäger sind), rennen gerne allem nach, was sich bewegt. Denke daran, wenn du zu Fuß oder auf dem Fahrrad unterwegs bist. Renne vor allem nicht vor einem aggressiven Hund davon, dies würde ihn verleiten, dich zu verfolgen. Bleibe ruhig, rede beim Rückwärtslaufen leise mit ihm und umgehe ihn aus guter Distanz.

### Kühe und Pferde

Bevor du eine Weide mit unbekannten Kühen oder Pferden betrittst, frage immer zuerst den Tierhalter um Erlaubnis.

### Goldene Regeln

Mache einen großen Bogen um junge, verspielte Tiere, um aggressive, männliche Tiere und um Weibchen, die noch Junge haben (sie verteidigen sie oft mit Gewalt).

Herumspringende, junge Stiere

Ein Ziegenbock zeigt seine Hörner

Schwanenpaar verteidigt seine Brut

# PFLANZENFRESSER

### Geduld

Pflanzenfresser sind zwar von Natur aus eher scheu, doch es sind auch sehr neugierige Tiere. Früher oder später werden sie zu dir kommen, es genügt, auf ihr Tempo einzugehen. Kühe können sogar so nah an dich herankommen, dass sie dich mit ihrer rauen Zunge ablecken!

### Wie gibt man ihnen zu fressen?

Wenn du Ponys oder Kühen etwas zu fressen gibst (mit Erlaubnis des Besitzers!), wirst du schnell bemerken, welches Tier das Sagen hat. Diese Tiere werden die anderen vertreiben, um sich zuerst zu bedienen. Dennoch kennen sich die Tiere untereinander gut und sind in der Regel nicht aggressiv zueinander. Um Pferden oder Ponys Leckereien zu geben, halte deine Hand schön flach, damit sie dir nicht in die Finger beißen. Du kannst frisches Gras pflücken oder ihnen Karotten, hartes (niemals weiches) Brot anbieten oder geviertelte Äpfel, damit sie sich nicht verschlucken.

# DAS TIERPARADIES

**Egal wie viel Platz** dir zur Verfügung steht, du kannst immer ein kleines Paradies für Tiere bauen. Gleichzeitig kann das auch deine Lieblingsecke werden: Dort hast du immer die Möglichkeit, Tiere zu beobachten!

## BLUMEN UND INSEKTEN

*Suche dir eine Ecke auf eurem Balkon* oder in eurem Garten, in der du der Natur freien Lauf lässt. Jede wilde Pflanze wird wilde Tiere anziehen.

Klee und Ackerhummel

Fingerhut und dunkle Erdhummel

Margerite und Krabbenspinne

Schaumkräuter und Aurorafalter

### LASS DER NATUR FREIEN LAUF

Um ein kleines Paradies zu erschaffen, lasse einen Teil deines Gartens im wilden Zustand: Pflanzen aller Art werden dort wachsen. Hole deine Lupe raus: Hier flattert, krabbelt und wimmelt es!

Ehrenpreis und Großer Wollschweber

Jakobs-Greiskraut und Jakobskrautbär

Löwenzahn und Rapsglanzkäfer

Rosenkäfer

### FARBEN FÜR DIE INSEKTEN

**Die schönen Farben der Blumen sind nicht dafür da, um uns zu gefallen, sondern um Insekten anzuziehen. Insekten sehen zwar nicht so gut wie wir, dafür sehen sie Farben, die für unser menschliches Auge unsichtbar sind. Man kann sagen, die Blütenblätter sind für sie wie Lichter einer Landebahn, die wir nicht sehen können.**

## DIE LANDEBAHN

Die Doldenblütler sind sehr verbreitete Pflanzen. Ihre kleinen, weißen Blüten sind so angeordnet, dass sie eine Insektenlandebahn bilden. Gehe näher heran und du wirst einen ganzen Mini-Urwald beobachten können!

Schwebfliege auf wilder Karotte

## BRENNEND, ABER GUT!

Brennnesseln sind für viele Schmetterlinge sehr wichtig, da sie auf den Blättern ihre Eier ablegen können. Ihre Raupen können sich von den Blättern ernähren. Das bedeutet, wenn es keine Brennnesseln gibt, gibt es auch keine Schmetterlinge! Die Brennnesselstaude bietet Rüsselkäfern und Schnecken Unterschlupf. Der Brombeerstrauch zieht ebenfalls viele Insekten an und produziert Brombeeren, die wunderbar für Marmelade sind.

Für eine große Anzahl von kleinen Tieren sind Disteln ein natürlicher Zufluchtsort. Bei Disteln machst du garantiert tolle Beobachtungen!

# ERDE UND SAND

**Biete wirbellosen Tieren** einen kleinen geschützten Raum an, wo sie ihre Nester errichten können. Das Ergebnis kommt schnell: Es »tausendfüßelt« von allen Seiten, es »wimmelt« und »musiziert«!

## EINE ECKE GESTAMPFTER ERDE

### Im Angesicht der Verknappung ...

Heutzutage überdeckt Teer sogar Landwege und gestampfte Erde wird immer seltener. Doch manche Bienen und Wespen brauchen Flächen aus gestampfter Erde. Sie graben dort ihre Bauten, um ihre Larven aufzuziehen.

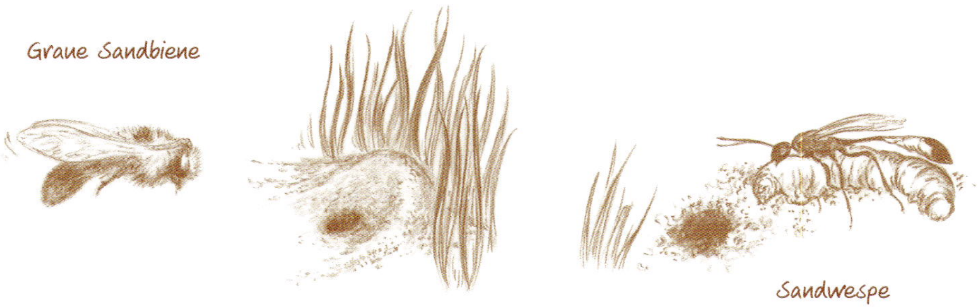


### ... Lösungen

Du kannst eine Ecke mit gestampfter Erde in deinem Garten anlegen. Wenn du keinen Platz hast, lege den Tieren einen Kasten auf dem Boden. Bohre ein Loch in den Boden, damit das Regenwasser ablaufen kann. Fülle den Kasten mit Erde, die du dann etwas festtrampelst.

## DER SANDKASTEN

Vögel lieben es, sich in Staub und Sand zu baden. Sie befreien sich dabei von Parasiten, die ihr Gefieder befallen. Überlasse den Vögeln in deinem Garten eine kleine, sandige Ecke ohne Pflanzen, oder lege ihnen einen Sandkasten an: Eine Mischung aus feiner Erde und Sand genügt.

# EINE KOMPOSTTONNE FÜR WÜRMER

Eine Komposttonne ist eine bodenlose Tonne, in die man alle biologisch abbaubaren Abfälle wirft wie Obstschalen oder andere Küchenreste. Wenn du noch keine Komposttonne hast, kannst du eine beschaffen oder eine bauen. Die Gärung dieser Abfälle produziert Wärme, die wirbellose Tiere mögen:

- Verschiedene Fliegen werden ihre Eier in die Tonne legen und später werden ihre Würmer die Abfälle in guten Dünger verwandeln.
- Regenwürmer, die die Tonne von unten durch die Erde betreten, werden die gleiche Arbeit leisten. Nach ein paar Monaten werden die Abfälle so zu Komposterde, die für den Garten nützlich ist.

### AUFSTELLUNG UND PFLEGE

**Bevor die Komposttonne aufgestellt wird, grabe die Erde etwas um, um den Zugang für die Tiere zu den Abfällen zu erleichtern. Um den Kompost instand zu halten, bewege und befeuchte den Inhalt der Tonne regelmäßig.**

*Baue aus ein paar Holzbrettern einen Komposter...*

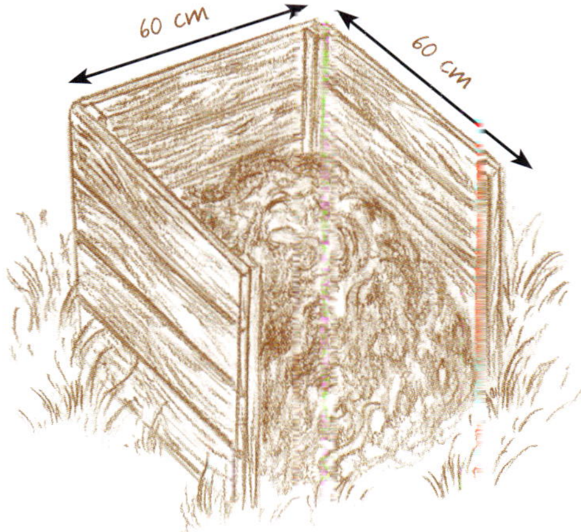

*... oder nutze einfach einen Maschendraht.*

# SAMMLE SAMEN

- Im September kannst du während deiner Spaziergänge Samen von wilden Blumen sammeln. Passe nur gut auf, dass es sich nicht um seltene Pflanzen handelt; wähle die, die oft vorhanden sind.
- Du kannst sie auf einem Karton trocknen oder sie gleich nach dem Sammeln pflanzen. Dies ist im Herbst und im Frühjahr möglich.
- Verscharre die Samen im leicht aufgelockerten Boden oder gesammelter Erde (die du in einen Blumentopf gibst, um dein Fenster zu schmücken).

# Bäume und ihre Früchte

**In Bäumen und Hecken** finden Tiere nicht nur Blüten und Früchte, sondern auch einen Unterschlupf. Diese Pflanzen zählen in der Natur zu den wichtigsten Dingen für die Tierwelt.

Mönchsgrasmücke

Singdrossel

## Die Raststätte der Zugvögel

Wenn du eine Hecke pflanzt, schenkst du den Zugvögeln, wie etwa den Mönchsgrasmücken oder den Drosseln, eine schöne Raststätte. Im Gestrüpp, den Sträuchern und den Bäumen werden Vögel Beeren, Früchte und Körner finden. Leider hat der Mensch viele Kilometer Hecke ausgerissen. Doch die Zugvögel brauchen Hecken, um wieder zu Kräften zu kommen. Die Zugvögel sind richtige kleine Athleten: Sie wiegen nur ein paar Gramm, aber überfliegen das Mittelmeer und die Wüste Sahara!

## Auf der Speisekarte

**Beeren**

Holunderbeeren

Hagedornbeeren

Die Hagebutte, Frucht des Rosenstrauchs und der Hundsrose

**Früchte**

Schlehen

Äpfel

Birne

**Samen**

Walnuss

Haselnuss

Ast mit Früchten der Vogelbeere

Ein Gartenschläfer nascht an einem Brombeerstrauch.

## Eine verschiedenartige Hecke

Pflanze vor allem typische Bäume und Sträucher aus deiner Region an, damit sie auch zur Tierwelt passen. Vogelbeere, Erle, Eiche und Lianen wie Efeu ziehen viele Tiere an. Denke auch daran, unterschiedliche Pflanzen anzubauen, damit sich jedes Tier wohlfühlt: Spindelsträucher, Brombeersträucher, Flieder, Stechpalmen, Liguster, Mispeln, Süßkirschenbäume. Die Beeren zum Beispiel sind sehr beliebt bei Säugetieren wie etwa dem Siebenschläfer und Gartenschläfer.

# PFLANZE EINEN BAUM ODER EINEN STRAUCH

Die beste Pflanzzeit ist der Herbst und das Frühjahr. Wähle einen Tag ohne Regen und ohne Frost.

- Lockere die Erde auf.
- Grabe ein Loch. Das sollte so breit und tief sein, wie die Wurzeln der Pflanze, die du pflanzen wirst.
- Füge etwas Kompost oder Komposterde hinzu, den du hergestellt hast (*siehe* S. 53).
- Bette den Setzling in eine Mischung aus Ton, Erde und Wasser, um das Anwachsen zu beschleunigen.
- Setze den Strauch/Baum in das Loch und fülle Erde auf.
- Stampfe den Boden etwas fest und gieße großzügig.
- Lege Stroh oder gemähtes Gras um den Stamm.

Wenn du eine Hecke errichten willst, müssen die Setzlinge 1 bis 2 m auseinanderstehen.

# DER SCHMETTERLINGS-STRAUCH

Zu den Sträuchern, die Honigsammler anziehen, gehört der Sommerflieder (auch bekannt unter dem Namen »Schmetterlingsstrauch«). Auf unbebautem Gelände der Städte ist er für Schmetterlinge oft die einzige Nektarquelle. Aber es ist ein Strauch, der ursprünglich nicht aus unserer Gegend stammt. Daher ziehen viele Naturfreunde Pflanzen vor, die aus der Region kommen. Der Blutweiderich, eine schöne, purpurne Pflanze, die am Wasser wächst, ähnelt dem Sommerflieder und zieht ebenfalls Schmetterlinge an.

**Tipp**

Du kannst einen Blutweiderichsetzling ausgraben (an einer Stelle, wo es viele gibt) und ihn bei dir einpflanzen.

# EIN WILDER GARTEN

**Hier findest du** eine Zusammenfassung der Ratschläge aus dem ganzen Buch und zusätzlich noch weitere Tipps. Wenn du willst, kannst du ein kleines Wildtierparadies bauen. Es ist weder kompliziert noch anstrengend: Lasse der Natur freien Lauf, sie wächst von ganz alleine!

### Die guten Stellen

Wildtiere lieben vor allem: Gestrüpp, Brennnesseln, Holzhaufen, Sandflächen, Steinhaufen oder die Trockensteinmauer, Tümpel, tote Bäume, Hecken, den Kompost ...

### Alles, was man vermeiden soll:

- Pestizide (chemische Substanzen, die Lebewesen töten) verbreiten,
- Löwenzahn und andere wilde Blumen ausreißen,
- vertrocknete Blätter verbrennen (und die Tiere, die darin leben), die doch einen guten Dünger geben,
- Tiere fangen und versetzen,
- wilde Tiere zähmen.

Ein erfolgreiches System, damit Vögel nicht gegen Fenster fliegen

Dank dieses Zaunes wird sich der Igel nicht auf die Straße verirren.

Dein wichtigstes Werkzeug

### Beliebte Orte für Vögel

Viele Vögel nisten in Bäumen, Baumlöchern und buschigen Sträuchern, Mauerspalten und in Efeu.

### Alles, was man machen soll:

- Umrisse von Raubvögeln auf die Fenster kleben, damit kleine Vögel sie sehen und nicht gegen die Scheiben stoßen.
- Einen Gartenzaun entlang der Straße errichten, um zu vermeiden, dass Tiere überfahren werden.
- Auf Katzen und Hunde aufpassen.
- Bäume der Region pflanzen, die dem Klima angepasst und attraktiv für die Tierwelt sind.
- Etwa drei Mal pro Jahr mähen, niemals die gesamte Fläche auf einmal oder besser noch: per Hand mähen.
- Und zum Schluss, vor allem nichts tun! Nur Lupe und Fernglas rausholen und sich satt schauen!

### Und in der Stadt?

Stelle einen Terrasson-Bottich auf. François Terrasson, Verteidiger einer ursprünglichen Natur, war Forscher am französischen Nationalmuseum für Naturgeschichte. Seiner Meinung nach musste man die Natur sich spontan ausdrücken lassen und sie nicht immer kontrollieren wollen. In der Stadt stellte er auf dem Balkon eine große Wanne voll Erde auf. Dann wartete er, um zu sehen, was passieren würde. Terrasson hatte recht: Gestrüpp begann zu wachsen und Vögel nutzten die Gelegenheit, um zu nisten.

# DER UNTERSCHLUPF

Erschaffe »das kleinste Reservat der Welt« bei dir zu Hause! Schon mit Futter auf der Fensterbank oder auf dem Balkon kannst du Tieren etwas geben, was sie brauchen.

**ACHTUNG BAUARBEITEN**
**Bitte deine Eltern, große Arbeiten am Haus während der Nistzeit zu vermeiden (also kein Fassadenputz oder Dachreparatur).**

## DIE GUTEN STELLEN

Das ideale Haus, um Tiere willkommen zu heißen:

- Euer Speicher ist offen für Eulen und Fledermäuse.
- Die Türen eurer Nebengebäude (Scheunen, Gartenhäuser, Garagen ...) sind niemals für Schwalben geschlossen.
- Euer Keller ist für den Winterschlaf der Fledermäuse zugänglich.
- Euer Haus ist für Amselnester mit Efeu oder wildem Wein bewachsen.
- Nistkästen und Ruheplätze aller Größen hängen an eurem Haus: für Bienen, Meisen und Fledermäuse.
- Euer Vorgarten ist mit aromatischen Pflanzen für Honigsammler bepflanzt.

# SONDERANFERTIGUNGEN

Es gibt gelochte Bausteine, Ziegel oder Backsteine, die Bienen, Eidechsen oder Säugetieren Schutz spenden. Die Löcher der Steine sind unterschiedlich groß. Wähle sie je nach Größe des Tieres aus, das du aufnehmen möchtest. Wenn du willst, kannst auch du kleinen Tieren eine Unterkunft geben: Du kannst Löcher verschiedener Durchmesser in die Außenwand deines Hauses bohren lassen.

Der Fledermausstein muss in der Nähe eines Lüftungsschachts unterm Dach platziert werden.

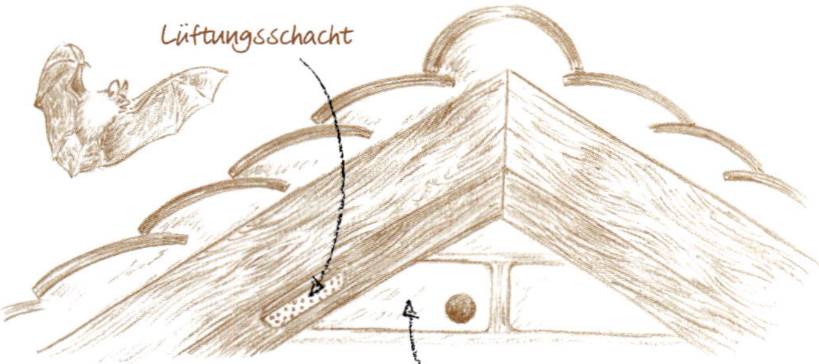


Eine Eidechse kann in einem einfachen Loch Zuflucht finden, das du in eine Mauer gemacht hast.

### UNERWÜNSCHTE TIERE?

**Siebenschläfer oder Mäuse im Speicher machen viel Krach. Außerdem können diese Nager Vorräte anknabbern und Krankheiten mit sich tragen. Baue Vorrichtungen, damit sie nicht an den Mauern hochklettern können.**

Siebenschläfer

Vorrichtung, die verhindert, dass Nager an der Regenrinne hochklettern.

# EFEU UND WILDER WEIN

Efeu kann manchmal alte Steine sprengen, aber eine Betonmauer hält ihm stand. Er ist eine der seltenen Pflanzen, die im Herbst blühen. Er zieht dann eine beeindruckende Anzahl an Honigsammlern an. Im Frühling bietet er Schutz für die Nester vieler Vögel, die Mücken verspeisen. Der wilde Wein schadet keiner Mauer und er ist ein Zufluchtsort für viele Tiere. Im Herbst hat er eine schöne rötliche Farbe. Diese Pflanzen isolieren das Haus: Sie kühlen es im Sommer und wärmen es im Winter.

Efeu

Wilder Wein

# WÖRTERVERZEICHNIS

### Amphibien
Ein Tier, das in zwei unterschiedlichen Umgebungen lebt: auf dem Land und im Wasser. Als erwachsenes Tier lebt es eine Zeit lang auf dem Land und kehrt meist ins Wasser zurück, um sich fortzupflanzen. Die meisten verbringen ihr Larvenleben dort.

### Art
Gesamte Lebensformen, die gemeinsame Charaktere haben. Sie können sich untereinander fortpflanzen und Junge kriegen (die sich wiederum auch untereinander fortpflanzen können). In einer Art gibt es mehrere Unterarten (oder Rassen).

### Blütenbestäuber
Tier, das durch die Berührung einer Pflanze Pollen der einen (männlichen Zelle) zu Stempeln (weibliche Zellen) einer anderen transportiert. So ermöglicht das Tier die Fortpflanzung der Pflanze.

### Fauna
Die Gesamtheit der Tiere einer Region.

### Fleischfresser, Pflanzenfresser
Wildtiere lassen sich in diese Gruppen einteilen. Sie ernähren sich, wie der Name schon sagt, von Fleisch oder Pflanzen. Dennoch sollten Fleischfresser nicht mit dem Begriff »Raubtier« verwechselt werden. Es gibt Fleischfresser, die nicht zwangsläufig Raubtiere sind. Es gibt Tiere, die aufgrund ihrer Größe, Zähne und ihrer Krallen zwar Raubtiere sind, sich aber von pflanzlicher Nahrung ernähren. So ist etwa der Pandabär ein Raubtier, obwohl er vor allen Dingen Bambuspflanzen frisst.

### Guano
Ansammlung von Vogel- oder Fledermausexkrementen, die als Dünger verwendet werden kann.

### Honigsammler
Insekten, die Blumen aufsuchen, um Nektar und Pollen zu finden.

### Köder
Vorrichtung zum Täuschen oder Anlocken von Tieren.

### Naturforscher
Spezialist für die Natur. Er interessiert sich für Felsen wie für Pflanzen oder Tiere und erforscht und beobachtet sie vor Ort.

### Nektar
Süßliche, pflanzliche Flüssigkeit, die bestäubenden Insekten als »Treibstoff« dient.

### Nisten
Sich um einen Ort kümmern, ihn bewohnen, um Junge aufzuziehen.

### Ökosystem
Gesamte Umgebung mitsamt ihrer Komponenten: Steine, Wasser, Luft, Vegetation, Bakterien und alle Lebewesen, die hier wohnen.

### Pflanzenfresser *siehe* Fleischfresser.

### Raubtier
Lebewesen, die auf die Jagd nach anderen Lebewesen gehen, um sich davon zu ernähren.

### Säugetiere
Wirbeltiere, deren Weibchen ihre Jungen mit Milch ernähren. Sie sind im Allgemeinen behaart.

### Ton
Weiche und »fette« wasserdichte Erde. Ton kann nach Belieben geformt werden, wenn er feucht ist, und wird beim Trocknen hart.

### Wirbellose
Tiere ohne inneres Skelett, ohne Knochen, also ohne Wirbel. Schalentiere, Insekten, Spinnen und Würmer sind Wirbellose.

# GUTE ADRESSEN

## GREENPEACE

Greenpeace setzt sich für den Schutz unserer Umwelt ein.
Bei den Greenteams kannst auch du dich engagieren.
Hier die Kontaktdaten:

Greenpeace e.V.
22745 Hamburg

Telefon: 040 / 306 180
Fax: 040 / 306 181 00
E-Mail: mail@greenpeace.de

Homepage: www.greenpeace4kids.de

## BUNDjugend

Die BUNDjugend setzt sich in Kampagnen und Projekten für die Umwelt ein. Hier die Kontaktdaten:

Jugend im Bund für Umwelt und Naturschutz Deutschland (BUNDjugend)
Am Köllnischen Park 1a
10179 Berlin

Telefon: 030 / 275 865 0
Fax: 030 / 275 865 5
E-Mail: bundjugend@bund.net

Homepage: www.bund.net

## NAJU

Die Naturschutzjugend oder auch NAJU ist die Jugendorganisation des Naturschutzbundes Deutschland (NABU). Sie ist einer der größten Jugendumweltverbände der Bundesrepublik. Die NAJU bietet Kindern im Alter von 6 bis 12 Jahren und Jugendlichen im Alter von 13 bis 27 Jahren ein breit gefächertes Angebot von Umwelt- und Naturschutzaktivitäten an.

NAJU im NABU
Bundesgeschäftsstelle
Charitéstraße 3
10117 Berlin

Telefon: 030 / 284 984 1900
Fax: 030 / 284 984 200 0
E-Mail: NAJU@NAJU.de

Homepage: www.naju.de